U1020858

图解法律 系列

图解物业管理规范

开拓体例 让法律阅读更轻松

图文并茂 让法律学习更高效

含民法典相关条文及物业管理条例

法规应用研究中心 / 编

中国法制出版社
CHINA LEGAL PUBLISHING HOUSE

出版说明

书前的你，是否也有这样的学习烦恼：

笔记满满当当，可好像没学会什么。

资料用书看了几遍，还是似懂非懂，好像没有记忆点。

怎么才能做到过目不忘、一学就会呢？

本书就介绍了一个很实用的工具——思维导图，带你扫除阴霾，赶超学霸！

“图解法律系列”是运用图表的形式，将可视化思维融入法律工具书的编排和解读中，思维导图和核心知识点相融合，使专业、纸面的法律条文变得生动、立体。精美的版面设计和双色印刷提升了读者的阅读体验；条文与注释结合让重点内容清晰明了、轻松掌握；图形化的思维导图使法条逻辑清晰顺畅。

本丛书具有以下几大特点：

一、专业性

从立法部门对条文的专业解读中提炼要点注释。编选案例均来源于最高人民法院、最高人民检察院发布的指导性案例、公报案例，人民法院案例库参考案例，以及中国裁判文书网和各级人民法院发布的典型案例，并梳理归纳裁判要点，从而更好地指导法律实践。

二、体系性

对修改条文进行了新旧对照，用引注线的方式标注解释条文中的法律专业术语和关键内容，并逐条关联学习中常用的司法解释及其他法律。同时，用思维导图和流程图将重点内容清晰化，强调记忆点，帮助读者全面搭建法律知识图谱。

三、实用性

本书既可做法规书用于阅读法律条文，又可做注释书用于学习内容要点，更可做案例书用于学习裁判要点。一书在手，减少阅读时间，降低学习成本。

四、便捷性

本书采用双色印刷，清晰明了，提升了读者的阅读体验；小开本装帧方便日常携带，随拿随用，方便读者查找和学习。

我们力争做到内容的直观性、形式的生动性、使用的便捷性，打造一本全面实用、好看好用的新型学法适法用书！

目 录

中华人民共和国民法典（节录）

第六章　业主的建筑物区分所有权

物业管理条例

第一章　总　　则

第二章　业主及业主大会

第三章 前期物业管理

第四章 物业管理服务

第五章 物业的使用与维护

第六章 法律责任

第七章 附 则

附录

中华人民共和国民法典（节录）

第六章　业主的建筑物区分所有权

第二百七十一条 【建筑物区分所有权】

业主对建筑物内的住宅、经营性用房等专有部分享有所有权，对专有部分以外的共有部分享有共有和共同管理的权利。

是指建筑区划内符合下列条件的房屋，以及车位、摊位等特定空间：（1）具有构造上的独立性，能够明确区分；（2）具有利用上的独立性，可以排他使用；（3）能够登记成为特定业主所有权的客体。规划上专属于特定房屋，且建设单位销售时已经根据规划列入该特定房屋买卖合同中的露台等，应当认定为专有部分的组成部分。

例如，电梯、过道楼梯、水箱、外墙面、水电气的主管线等享有共有和共同管理的权利。

要点注释

业主可以自行管理建筑物及其附属设施，也可以委托物业服务企业或者其他管理人管理。业主可以设立业主大会，选举业主委员会，制定或者修改业主大会议事规则和建筑物及其附属设施的管理规约，选举业主委员会和更换业主委员会成员，选聘和解聘物业服务企业或者其他管理人，筹集和使用建筑物及其附属设施的维修资金，改建和重建建筑物及其附属设施等。

思维导图

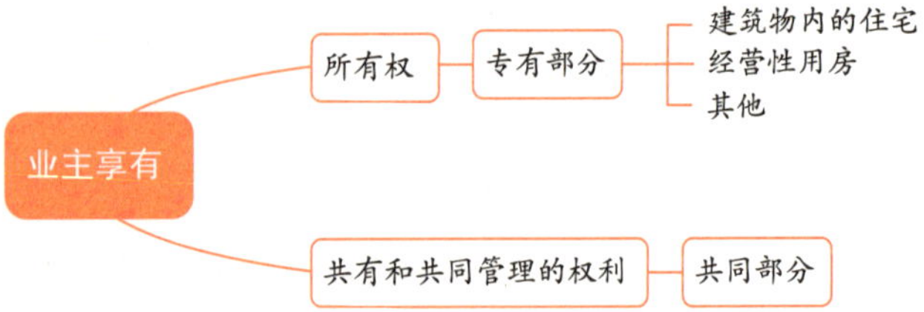

关联规定

《物业管理条例》

第六条

《最高人民法院关于审理建筑物区分所有权纠纷案件适用法律若干问题的解释》

第一条

案例精析

1. 孙某某诉某小区业主委员会业主知情权纠纷案

来源：《最高人民法院公报》2015 年第 12 期

裁判要点

业主作为建筑物区分所有人，享有知情权，享有了解本小区建筑区划内涉及业主共有权及共同管理权等相关事项的权利，业主委员会应全面、合理公开其掌握的情况和资料。对于业主行使知情权亦应加以合理限制，防止滥用权利其范围应限于涉及业主合法权益的信息，并遵循简便的原则。

2. 陆某某诉某物业公司物业服务合同纠纷案

案号：（2014）沪高民一（民）再提字第14号

来源：人民法院案例库 2023-16-2-121-009

裁判要点

1. 人民法院在区分认定建筑物区分所有权中的“专有部分专有权”与“共有部分共有权”时，应当明确如下的识别规则：第一，在物权归属上，两者存在非此即彼的逻辑关系；第二，《最高人民法院关于审理建筑物区分所有权纠纷案件具体应用法律若干问题的解释》第二条第一款所规定的三项“专有部分（专有权）”的识别要素中，“构造上的独立性”和“利用上的独立性”应当进一步明确为“专有部分”的实质要件，而“能够登记”则是形式要件；第三，能够全部满足上述实质要件和形式要件的某项建筑物区分所有权的物权客体，当属专有部分；若仅因未获明确登记但却已符合实质要件的某项建筑物区分所有权的物权客体，亦可基于不动产附合等其他物权规则而构成《最高人民法院关于审理建筑物区分所有权纠纷案件具体应用法律若干问题的解释》第二条第二款中所规定的“专有部分的组成部分”。

2. 建筑物区分所有权中“人法”属性的业主成员权可得通过集中行使而依法合理限制其“物法”层面的特定业主专有权的部分权能或内容。人民法院在依法审查上述对业主专有权限制的合理性时，应当明确如下裁判规则：第一，限制的有限性。业主成员权对特定业主专有权的限制应当是有限度的，我国并不存在所谓的“建筑物区分所有权的剥夺制度”。第二，限制的合理幅度。业主成员权对特定业主专有权的限制幅度一般可得略高于传统民法上不动产相邻关系或者物权共有规则之于所有权上的制约力度。第三，司法审查的具体法律适用。我国物权法对于专有权受成员权不当限制的特定业主提供的救济途径明确区分了内部关系和外部关系：对于前者，人民法院应当以决议行为的撤销权规则作为适法根据；对于后者，则应当以物业服务合同等相应约款的效力审查规则作为裁判规范。

3. 赖某标诉厦门某物业管理有限公司三明某服务部物业服务合同纠纷案

案号：（2022）闽0403民初134号

来源：人民法院案例库 2024-11-2-121-001

裁判要点

业主依法对其建筑物专有部分享有占有、使用、收益和处分的权利。业主要求安装新能源汽车充电桩，在不违反法律规定的前提下，属于业主的正当权利，业主基于对专有部分特定使用功能的合理需要，可以对共有部分进行合理利用。而在安装充电桩时因布电线等需要使用共有部分，即属于建筑物区分所有权人为提升专有部分使用价值，对共有部分的合理使用。

第二百七十二条 【业主对专有部分的专有权】

业主对其建筑物专有部分享有占有、使用、收益和处分的权利。业主行使权利不得危及建筑物的安全，不得损害其他业主的合法权益。

例如，业主对专有部分装修时，不得拆除房屋内的承重墙，不得在专有部分内储藏、存放易燃易爆的危险物品。

要点注释

对于建筑物区分所有权人对专有部分享有的权利，一方面，应明确其与一般所有权相同，具有绝对性、永久性、排他性。所有权人在法律限制范围内可以自由使用、收益、处分专有部分，并排除他人干涉。另一方面，也应注意到其与一般所有权的不同：业主的专有部分是建筑物的重要组成部分，与共有部分具有一体性、不可分离性，如没有电梯、楼道、走廊，业主不可能出入自己的居室、经营性用房等专有部分；没有水箱，水、电等管线，业主无法使用自己的居室、经营性用房等专有部分。因此业主对专有部分行使所有权应受到一定限制。

思维导图

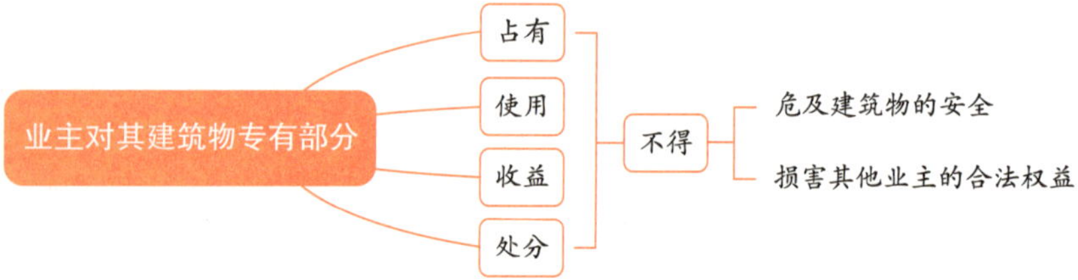

关联规定

《最高人民法院关于审理建筑物区分所有权纠纷案件适用法律若干问题的解释》

第二条

案例精析

1. 某二建公司诉王某公有住房出售协议违约纠纷案

来源：《最高人民法院公报》2006 年第 1 期

裁判要点

建筑物区分所有权人只能在该建筑物中自己专有的部位行使所有权四项权能，未经该建筑物的其他区分所有权人和物业经营管理者、维修者许可，不得对该建筑物的共用部位行使权利。

公有住房售出单位对公有住房的共用部位承担着维修责任。售出单位在与公有住房买受人签订的售房协议中，为了不加重自己一方在住房售出后的维修负担，约定买受人不得实施有碍公有住房共用部位安全的行为，这样的约定没有限制买受人正当行使自己的权利，因此是合法有效的。

2. 庄某某与赵某某建筑物专有权纠纷案

案号：（2011）深中法民一终字第 59 号

来源：中国裁判文书网

裁判要点

根据《最高人民法院关于审理建筑物区分所有权纠纷案件具体应用法律若干问题的解释》的规定，认定为建筑区划内专有部分的空间，应当符合具有构造上的独立性，可以明确区分、具有利用上的独立性，可以排他使用、能够登记为特定业主所有权的客体，或者规划上属于特定房屋，且建设单位销售时已经根据规划列入该特定房屋买卖合同。

3. 丁某诉某业主委员会业主撤销权纠纷案

案号：（2018）沪 01 民终 9513 号

来源：人民法院案例库 2023-07-2-046-004

裁判要点

1. 地下车库的管理使用直接关系到住宅小区生活秩序的和谐安定，属于有关共有和共同管理权利的重大事项，应当由全体业主共同决定，而非全体地下车位业主决定。

2. 将地下车库与地面车位作为整体停车资源，对地下车位业主停在地面车位的车辆提高收费标准的做法，达到了通过价格杠杆合理调节资源分配的效果，不构成对地下车位业主权益的侵犯。

第二百七十三条 【业主对共有部分的共有权及义务】

业主对建筑物专有部分以外的共有部分，享有权利，承担义务；不得以放弃权利为由不履行义务。

业主转让建筑物内的住宅、经营性用房，其对共有部分享有的共有和共同管理的权利一并转让。

要点注释

对于本条，值得强调第二款的规定，即业主对其建筑物专有部分的所有权不能单独转让，而必须与其共用部分持分权和成员权一同转让。业主的建筑物区分所有权是一个集合权，包括对专有部分享有的所有权、对建筑区划内的共有部分享有的共有权和共同管理的权利，这三种权利具有不可分离性。在这三种权利中，业主对专有部分的所有权占主导地位，是业主对专有部分以外的共有部分享有共有权以及对共有部分享有共同管理权的前提与基础。而且，区分所有人所有的专有部分的大小，也决定了其对建筑物共有部分享有的共有和共同管理权利的份额大小。

思维导图

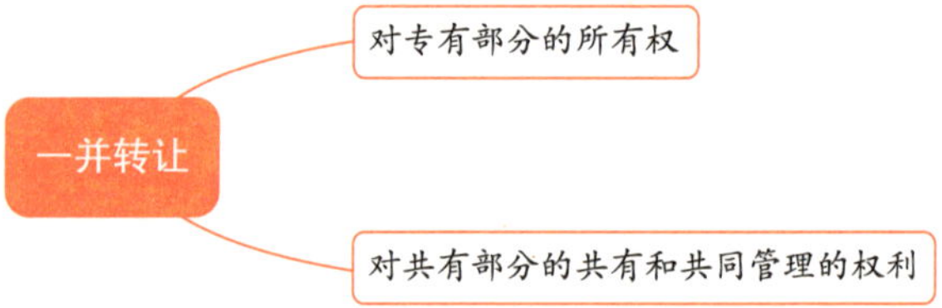

关联规定

《物业管理条例》

第五十四条

《最高人民法院关于审理建筑物区分所有权纠纷案件适用法律若干问题的解释》

第三条、第四条

案例精析

1. 某业主委员会诉物业管理有限公司等物业管理纠纷案

来源：《最高人民法院公报》2010 年第 5 期

裁判要点

根据《物权法》第七十二条[①]的规定，业主对建筑物专有部分以外的共有部分，享有权利，承担义务。共有部分在物业服务企业物业管理（包括前期物业管理）期间所产生的收益，在没有特别约定的情况下，应属全体业主所有，并主要用于补充小区的专项维修资金。物业服务企业对共有部分进行经营管理的，可以享有一定比例的收益。

2. 某业主委员会诉房地产开发有限公司物业管理用房所有权确认纠纷案

来源：《最高人民法院公报》2014 年第 6 期

裁判要点

业主委员会依照《物权法》第七十五条第一款[②]规定成立，具有一定目的、名称、组织机构与场所，管理相应财产，是《民事诉讼法》第四十九条第一款规定的“其他组织”。业主委员会依据业主共同或业主大会决议，在授权范围内，以业主委员会名义从事法律行为，具备诉讼主体资格。

① 对应《民法典》第二百七十三条。

② 对应《民法典》第二百七十七条。

物业管理用房依规划定点建造，为区分所有权建筑物管理人进行管理维护业务必需的场所，依照《物权法》第七十二条第一款的规定，为业主共有。在建筑物竣工验收交付后，物业管理用房的分割、转移、调整或重新配置，应当由业主共同或业主大会决定。

3. 郭某与谢某等建筑物区分所有权纠纷案

案号：（2021）粤 01 民终 11637 号

来源：人民法院案例库 2024-07-2-045-001

裁判要点

住宅电梯在使用属性上系建筑物的共有部分，所有业主对电梯平等享有使用权和共同管理的权利。

老旧住宅加装电梯应涉及的法理、情理错综复杂，邻里之间应多一分理解和包容，坚持自愿平等、友好协商、兼顾公平的原则开展协商，共同营造和谐舒适的居住环境。高龄业主确有使用电梯的客观需要，虽其在加装电梯的需求期间提出异议但属于正常表达意见的范围，若其他业主以此为由拒绝高龄老人使用电梯，不符合诚信友善的社会主义核心价值观。若其他业主认为高龄业主阻碍电梯加装的行为给其造成损失的，可另案主张权利，但不能以此拒绝该高龄业主在补交集资款后使用电梯。

第二百七十四条 【建筑区划内的道路、绿地等场所和设施属于业主共有财产】

建筑区划内的道路，属于业主共有，但是属于城镇公共道路的除外。建筑区划内的绿地，属于业主共有，但是属于城镇公共绿地或者明示属于个人的除外。建筑区划内的其他公共场所、公用设施和物业服务用房，属于业主共有。

包括对这部分场所、公用设施和用房本身的所有权和对其地基的土地使用权。

要点注释

本条是对建筑区划内设施的归属的规定。

本条规定的绿地、道路归业主所有，不是说绿地、道路的土地所有权归业主所有，而是说绿地、道路作为土地上的附着物归业主所有。

思维导图

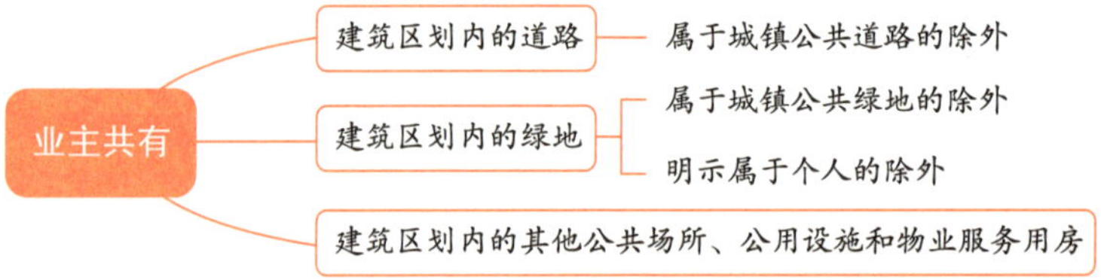

关联规定

《物业管理条例》

第三十七条

《最高人民法院关于审理建筑物区分所有权纠纷案件适用法律若干问题的解释》

第三条

案例精析

1. 网络服务公司江苏分公司诉集团公司南京分公司恢复原状纠纷案

来源：《最高人民法院公报》2019 年第 12 期

裁判要点

小区内的通信管道在小区交付后属于全体业主共有。通信运营公司与小区房地产开发公司签订的小区内通信管线等通信设施由通信运营公司享有专有使用权的条款，侵犯了业主的共有权和选择通信服务的自由选择权，应属无效。

2. 某业主委员会诉置业有限公司、物业管理公司物权确认纠纷、财产损害赔偿纠纷案

来源：《最高人民法院公报》2018 年第 11 期

裁判要点

开发商与小区业主对开发商在小区内建造的房屋发生权属争议时，应由开发商承担举证责任。如开发商无充分证据证明该房屋系其所有，且其已将该房屋建设成本分摊到出售给业主的商品房中，则该房屋应当属于小区全体业主所有。开发商在没有明确取得业主同意的情况下，自行占有使用该房屋，不能视为业主默示同意由开发商无偿使用，应认定开发商构成侵权。业主参照自该房屋应当移交时起的使用费向开发商主张赔偿责任的，人民法院应予支持。

3. 物业管理有限公司诉徐某某、陆某某物业管理合同纠纷案

来源：《最高人民法院公报》2007 年第 9 期

裁判要点

业主与所在小区的物业管理公司签订物业管理服务协议后，即与物业管理公司之间建立了物业管理服务合同关系。物业管理公司作为提供物业管理服务的合同一方当事人，有义务依约进行物业管理，要求业主遵守业主公约及小区物业管理规定，有权对违反业主公约及物业管理规定的行为加以纠正，以维护小区正常的物业管理秩序，维护小区全体业主的共同利益。当业主不按照整改要求纠正违反业主公约和物业管理规定的行为时，物业管理公司作为合同一方当事人有权依法提起诉讼。

对于与业主所购房屋毗邻庭院绿地的权属问题，不能仅仅依据房地产开发商的售楼人员曾向业主口头承诺“买一楼房屋送花园”，以及该庭院绿地实际为业主占有、使用的事实，即认定业主对该庭院绿地享有独占使用权。该庭院绿地作为不动产其使用权的归属必须根据房屋买卖双方正式签订的商品房买卖协议及物权登记情况加以确定。

业主不得违反业主公约及物业管理规定，基于个人利益擅自破坏、改造与其房屋毗邻的庭院绿地。即使业主对于该庭院绿地具有独占使用权，如果该庭院绿地属于小区绿地的组成部分，业主在使用该庭院绿地时亦应遵守业主公约、物业管理规定关于小区绿地的管理规定，不得擅自破坏该庭院绿地，损害小区其他业主的合法权益。

第二百七十五条 【车位、车库的归属规则】

建筑区划内，规划用于停放汽车的车位、车库的归属，由当事人通过出售、附赠或者出租等方式约定。

占用业主共有的道路或者其他场地用于停放汽车的车位，属于业主共有。

通过出售和附赠取得车库车位的，所有权归属于业主。

车库车位出租的，所有权归属于开发商，业主享有使用权。

要点注释

建筑区划内，规划用于停放汽车的车位和车库的权属应当依据合同确定。

确定出售和附赠车位、车库的所有权属于业主的，车库车位的所有权和土地使用权也应当进行物权登记。在转移专有权时，车库车位的所有权和土地使用权并不必然跟随建筑物的权属一并转移，须单独进行转让或者不转让。

思维导图

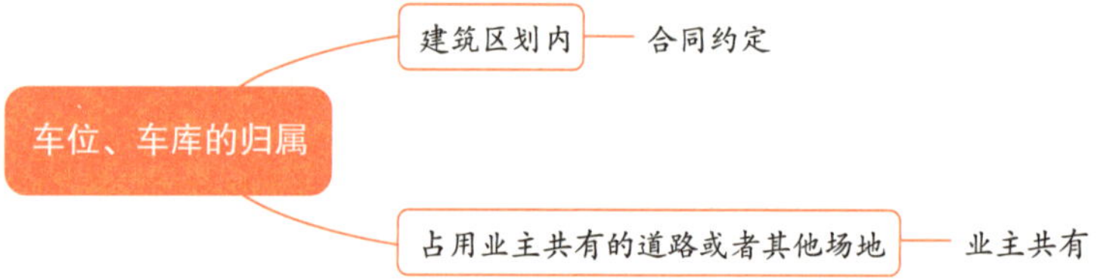

关联规定

《最高人民法院关于审理建筑物区分所有权纠纷案件适用法律若干问题的解释》

第六条

案例精析

1. 某小区业主委员会与南某置业公司业主专有权纠纷案

案号：（2023）鄂民申 6295 号

来源：中国裁判文书网

裁判要点

小区业委会申请再审称，小区房屋商铺出售完毕后依照“地随房走”的规定，小区规划建设用地土地使用权一并转移属于小区全体业主共有。南某置业公司在向全体业主出售房产签订合同时，以不真实的前提事实，且采用格式条款在购房者不知情的情况下，单方约定地下室属其所有。南某置业公司出售给某信息科技有限公司的地下停车位均办不了产权证，根据《民法典》等法律规定，其使用权依法应归属于小区全体业主。

本案争议的焦点问题是小区地下车库管理使用权益的归属应如何认定。根据原审查明的事实，小区地下室面积未计入商品房建筑面积或公摊面积中，案涉车位的建造成本未分摊到买受人所购买商品房房价中，对业委会关于地下车库中 7739 平方米地下室为小区全体业主共有、3966 平方米人防地下室由全体业主享有管理使用权的主张不予支持。

根据《民法典》第二百七十五条规定，案涉停车位办不了产权证不属于停车位属于业主共有之情形，业委会据此主张案涉停车位使用权依法应归属于小区全体业主亦不能成立。

2. 梅州市梅江区某业主委员会诉梅州市梅江区某房地产开发有限公司、杜某某建筑物区分所有权纠纷案

案号：（2014）粤高法民一提字第 120 号

来源：人民法院案例库 2023-16-2-045-002

裁判要点

停车位是占用小区公共道路、绿地建设的，依法应属小区全体业主共有。房地产开发公司将业主共有的停车场中停车位出售，属于无权处分行为，应属无效。

3. 陈某某诉珠海某物业公司物业服务合同纠纷案

案号：（2022）粤 0402 民初 1029 号

来源：人民法院案例库 2023-16-2-121-001

裁判要点

1. 业主为了自有车辆充电需要，在其车位上加装充电桩，是为了更好利用车位，同时符合绿色环保理念，物业公司应予配合办理相关安装手续。

2. 业主基于专有部分享有的权利，难免有利用共有部分的现实需要，这种需求应是业主专有权利行使的合理延伸，是为了更好地利用专有部分。该利用只要不违反法律、法规、管理规约的规定或影响小区其他业主的共同利益，即可认定为合理使用。

第二百七十六条 【车位、车库优先满足业主需求】

建筑区划内，规划用于停放汽车的车位、车库应当首先满足业主的需要。

关联规定

《最高人民法院关于审理建筑物区分所有权纠纷案件适用法律若干问题的解释》第五条

案例精析

重庆锦某公司与重庆尚某公司房屋买卖合同纠纷案

案号：（2024）渝05民终833号

来源：中国裁判文书网

裁判要点

重庆锦某公司上诉称，按照《民法典》第二百七十六条之规定，建筑区划内，规划用于停放汽车的车位、车库应当首先满足业主的需要。因此，上诉人重庆锦某公司开发的某地某号车库的车位在转让前应当首先满足本小区业主的需求。在该844个车位网签给被上诉人后，导致案涉项目剩余车位数量不能满足案涉小区业主对于地下车库的停车位需求。因此，主张《债务清偿三方协议》及网签的《重庆市商品房买卖合同》违反前述法律强制性规定，应属无效。

对此，本院认为，前述法律规定的立法目的在于平衡开发商所有权利益和住宅小区业主对车位的使用利益，车位车库是小区整体环境内容的组成部分，目的在于服务整个小区业主的居住便利，故对于规划用于停放汽车的车位、车库，作为建筑物的附属设施，应首先满足小区居民的需要。而商业业主购买商业物业的目的并非居住，而是经营、投资，故对车位的使用需求并不强烈，需要使用商业车位的更多是出入商业场所客户的临时停车需求。故对商业业主车位利益的保护程度应与住宅车位业主利益的保护程度有所区别。过度保护商业业主的车位需求，而造成大量资产闲置，反而有损开发商的所有人权益，故根据其立法目的，前述法律规定之调整范围应为住宅小区的配套车位，对于不属于住宅小区的地下停车场、地面有偿车位等均不属于该条法律调整范围。根据查明的事实，本案中已网签备案的844个车位均为商业车位，即案涉车位系独立商业体的车位并非住宅小区配套车位。故本案的商业车位不属于《民法典》第二百七十六条的调整范围。且实际履行过程中，案涉844个商业车位已由相关权属登记机关完成了网签备案的审查手续，故重庆锦某公司主张《债务清偿三方协议》及网签的《重庆市商品房买卖合同》违反前述法律规定而无效的上诉理由不成立，本院不予支持。

第二百七十七条 【设立业主大会和选举业主委员会】

业主可以设立业主大会，选举业主委员会。业主大会、业主委员会成立的具体条件和程序，依照法律、法规的规定。

地方人民政府有关部门、居民委员会应当对设立业主大会和选举业主委员会给予指导和协助。

是业主的自治组织，是基于业主的建筑物区分所有权的行使产生的，由全体业主组成，是建筑区划内建筑物及其附属设施的管理机构。

是业主大会的执行机构，由业主大会选举产生执行业主会议的决议。

要点注释

业主大会的职责是：对外，代表该建筑物的全体业主，其性质为非法人组织性质的管理团体，代表全体所有人为民事法律行为和诉讼行为，具有非法人组织的功能；对内，对建筑物的管理工作作出决策，对共同事务进行决议，如制定管理规约，选任、解任管理人，共有部分的变更建筑物部分毁损的修建等。业主大会应当定期召开，每年至少召开一次。

业主委员会的职责是：（1）召集业主大会会议，报告物业管理的实施情况；（2）代表业主与业主大会选聘的物业服务企业签订物业服务合同；（3）及时了解业主、物业使用人的意见和建议，监督和协助物业服务企业履行物业服务合同；（4）监督业主公约的实施；（5）业主大会赋予的其他职责。

关联规定

《物业管理条例》第八条至第二十条

案例精析

某小区业主委员会诉某房地产开发公司、某建筑公司房屋买卖合同纠纷案

案号：（2021）最高法民再344号

来源：人民法院案例库 2023-07-2-091-001

裁判要点

业主委员会根据业主大会的授权对外代表业主进行民事活动，可以成为民事诉讼活动的主体。业主委员会符合“其他组织”条件，是业主大会决议的执行机构，根据业主大会的授权对外代表业主进行民事活动，对于业主共有事项和物业共同管理事项，可以自己名义提起诉讼。业主委员会诉讼请求涉及的配套设施未建设及退还前期物业费等问题，属于业主共有事项和物业共同管理事项，人民法院应予受理。业主委员会诉讼请求涉及的开发商履行商品房买卖合同约定的不动产权确权登记义务及承担逾期办证违约金等问题，属于业主专有事项，即使其具有业主大会的授权，人民法院亦不予受理。

第二百七十八条 【由业主共同决定的事项以及表决规则】

下列事项由业主共同决定：

（一）制定和修改业主大会议事规则；

（二）制定和修改管理规约；

（三）选举业主委员会或者更换业主委员会成员；

（四）选聘和解聘物业服务企业或者其他管理人；

（五）使用建筑物及其附属设施的维修资金；

（六）筹集建筑物及其附属设施的维修资金；

（七）改建、重建建筑物及其附属设施；

（八）改变共有部分的用途或者利用共有部分从事经营活动；

（九）有关共有和共同管理权利的其他重大事项。

业主共同决定事项，应当由专有部分面积占比三分之二以上的业主且人数占比三分之二以上的业主参与表决。决定前款第六项至第八项规定的事项，应当经参与表决专有部分面积四分之三以上的业主且参与表决人数四分之三以上的业主同意。决定前款其他事项，应当经参与表决专有部分面积过半数的业主且参与表决人数过半数的业主同意。

专有部分面积，按照不动产登记簿记载的面积计算；尚未进行登记的，暂按测绘机构的实测面积计算；尚未进行实测的，暂按房屋买卖合同记载的面积计算。

业主人数，按照专有部分的数量计算，一个专有部分按一人计算。建设单位尚未出售和虽已出售但尚未交付的部分，以及同一买受人拥有一个以上专有部分的，按一人计算。

思维导图

业主共同决定事项

- 应当经参与表决专有部分面积四分之三以上的业主且参与表决人数四分之三以上的业主同意：
  - （六）筹集建筑物及其附属设施的维修资金；
  - （七）改建、重建建筑物及其附属设施；
  - （八）改变共有部分的用途或者利用共有部分从事经营活动；
- 应当经参与表决专有部分面积过半数的业主且参与表决人数过半数的业主同意：
  - （一）制定和修改业主大会议事规则；
  - （二）制定和修改管理规约；
  - （三）选举业主委员会或者更换业主委员会成员；
  - （四）选聘和解聘物业服务企业或者其他管理人；
  - （五）使用建筑物及其附属设施的维修资金；
  - （九）有关共有和共同管理权利的其他重大事项。

关联规定

《最高人民法院关于审理建筑物区分所有权纠纷案件适用法律若干问题的解释》

第七条至第九条

《业主大会和业主委员会指导规则》

案例精析

上海市虹口区久乐大厦小区业主大会诉上海环亚实业总公司业主共有权纠纷案

来源：最高人民法院指导案例 65 号

裁判要点

专项维修资金是专门用于物业共用部位、共用设施设备保修期满后的维修和更新、改造的资金，属于全体业主共有。缴纳专项维修资金是业主为维护建筑物的长期安全使用而应承担的一项法定义务。业主拒绝缴纳专项维修资金，并以诉讼时效提出抗辩的，人民法院不予支持。

第二百七十九条 【业主将住宅转变为经营性用房应当遵循的规则】

业主不得违反法律、法规以及管理规约，将住宅改变为经营性用房。业主将住宅改变为经营性用房的，除遵守法律、法规以及管理规约外，应当经有利害关系的业主一致同意。

业主将住宅改变为经营性用房，本栋建筑物内的其他业主，应当认定为本条所称“有利害关系的业主”。

有利害关系的业主只要有一人不同意，就不得改变住宅用房的用途。

要点注释

业主负有维护住宅建筑物现状的义务，其中包括不得将住宅改变为经营性用房。

业主将住宅改变为经营性用房，未依据本条的规定经有利害关系的业主一致同意，有利害关系的业主请求排除妨害、消除危险、恢复原状或者赔偿损失的，人民法院应予支持。将住宅改变为经营性用房的业主以多数有利害关系的业主同意其行为进行抗辩的，人民法院不予支持。

思维导图

关联规定

《最高人民法院关于审理建筑物区分所有权纠纷案件适用法律若干问题的解释》

第十条至第十一条

案例精析

张某诉郑某、某网络公司建筑物区分所有权纠纷案

来源：《最高人民法院公报》2014 年第 11 期

裁判要点

在审理建筑物区分所有权案件时，即使业主对房屋的使用没有给其他区分所有权人造成噪声、污水、异味等影响，只要房屋的用途发生改变，由专供个人、家庭日常生活居住使用改变为用于商业、工业、旅游、办公等经营性活动，即可认定该行为影响了业主的安宁生活，属于将住宅改变为经营性用房，应依照《物权法》第七十七条关于业主改变住宅用途的规定处理。①

① 对应《民法典》第二百七十九条。

第二百八十条　【业主大会、业主委员会决定的效力】

业主大会或者业主委员会的决定，对业主具有法律约束力。

业主大会或者业主委员会作出的决定侵害业主合法权益的，受侵害的业主可以请求人民法院予以撤销。

对业主具有约束力的业主大会或者业主委员会的决定，必须是依法设立的业主大会、业主委员会依据法定程序作出，不违反法律，不违背公序良俗，不损害国家利益、公共利益和他人利益的决定。

要点注释

本条第二款赋予了业主请求人民法院撤销业主大会或者业主委员会作出的不当决定的权利。业主以业主大会或者业主委员会作出的决定侵害其合法权益或者违反了法律规定的程序为由，依据本条第二款的规定请求人民法院撤销该决定的，应当在知道或者应当知道业主大会或者业主委员会作出决定之日起1年内行使。

关联规定

《物业管理条例》

第十二条、第十九条

《最高人民法院关于审理建筑物区分所有权纠纷案件适用法律若干问题的解释》

第十二条

案例精析

陈某、夏某等业主撤销权纠纷案

案号：（2021）赣1104民初1066号

来源：中国裁判文书网

裁判要点

《某小区业主代表大会议事规则》并不是业主表决通过的，不能等同于业主大会议事规则，对业主没有约束力。“弃票从多”的规定不能适用于需业主共同决定事项的计票规则。此次业主选聘物业服务企业的赞成票为182票，未达到参与表决716人过半数的业主同意，意味着选聘物业服务企业并未得到法定业主人数的同意。被告业委会在此情况下先后作出选聘被告昱某物业公司、被告金某物业公司为物业服务企业的决定程序违法。根据《民法典》第二百八十条规定，五原告作为小区业主，其选聘物业服务企业的程序权益受到侵害，请求撤销被告业委会作出选聘物业服务企业的决定的诉讼请求，于法有据，本院予以支持。

第二百八十一条 【建筑物及其附属设施维修资金的归属和处分】

建筑物及其附属设施的维修资金，属于业主共有。经业主共同决定，可以用于电梯、屋顶、外墙、无障碍设施等共有部分的维修、更新和改造。建筑物及其附属设施的维修资金的筹集、使用情况应当定期公布。

紧急情况下需要维修建筑物及其附属设施的，业主大会或者业主委员会可以依法申请使用建筑物及其附属设施的维修资金。

向全体业主公布，增加透明度，便于监督管理。

要点注释

建筑物及其附属设施的维修资金属于业主共有，专项用于物业保修期满后共有部分、共用设施设备的维修、更新、改造，不得挪作他用。

思维导图

- 维修资金的使用方法
  - 经业主共同决定，可以用于电梯、屋顶、外墙、无障碍设施等共有部分的维修、更新和改造
  - 紧急情况下，业主大会或者业主委员会可以依法申请使用
  - 维修资金的筹集、使用情况应当定期公布

关联规定

《物业管理条例》

第五十三条、第五十四条至第六十条

《最高人民法院关于审理建筑物区分所有权纠纷案件适用法律若干问题的解释》

第十三条

案例精析

1. 夏某等人诉某小区业主委员会业主知情权纠纷案

来源：《最高人民法院公报》2011 年第 10 期

裁判要点

业主知情权是指业主了解建筑区划内涉及业主共有权以及共同管理权相关事项的权利。根据《最高人民法院关于审理建筑物区分所有权纠纷案件具体应用法律若干问题的解释》第十三条的规定，业主请求公布、查阅建筑物及其附属设施的维修基金使用、业委会的决定及会议记录、共有部分的收益、物业服务合同等情况和资料的，人民法院应予支持司法解释对于业主知情权的范围作出了明确的规定，业主以合理的方式行使知情权，应当受到法律保护。

2. 珲春市某业主委员会诉珲春市某物业管理有限公司物业服务合同纠纷案

案号：（2021）吉 2404 民初 1036 号

来源：人民法院案例库 2023-07-2-121-006

裁判要点

业主委员会根据授权监督物业服务企业履行物业服务合同，依据合同的履行情况向业主大会提出续聘或解聘物业服务企业的议案，当议案经过业主大会议事规则的程序形成决议后，由业主委员会执行决议，当物业公司对解聘决议有异议，业主委员会可依据业主大会授予的诉权以司法途径解决。选聘和解聘物业服务企业或者其他管理人，应当经专有部分占建筑物总面积过半数的业主且占总人数过半数的业主同意。

3. 某小区业主委员会诉哈尔滨市松北区松祥街道办事处不履行业委会备案法定职责案

案号：（2023）黑 01 行终 22 号

来源：人民法院案例库 2024-12-3-021-007

裁判要点

（1）物业管理区域的划分和调整应遵守“考虑物业的共用设施设备、建筑物规模、社区建设等因素”的原则，并由省、自治区、直辖市制定具体办法。

（2）未经具有法定职责机关依法定程序调整，已经划定的物业管理区域不得随意变更。业主虽然不是物业管理区域划分和调整的权利主体，但对于物业管理区域划分和调整具有法定程序上的否决权。

（3）调整物业管理区域应结合实际情况，充分尊重业主意见，并依照法定程序，业主、业主委员会或业主大会对物业管理区域的调整享有申请行政复议和提起行政诉讼的权利。

第二百八十二条　【业主共有部分产生收入的归属】

建设单位、物业服务企业或者其他管理人等利用业主的共有部分产生的收入，在扣除合理成本之后，属于业主共有。

除法律、行政法规规定的共有部分外，建筑区划内的以下部分，也应当认定为《民法典》第二编第六章所称的共有部分：（1）建筑物的基础、承重结构、外墙、屋顶等基本结构部分，通道、楼梯、大堂等公共通行部分，消防、公共照明等附属设施、设备，避难层、设备层或者设备间等结构部分；（2）其他不属于业主专有部分，也不属于市政公用部分或者其他权利人所有的场所及设施等。建筑区划内的土地，依法由业主共同享有建设用地使用权，但属于业主专有的整栋建筑物的规划占地或者城镇公共道路、绿地占地除外。

要点注释

本条是《民法典》相较《物权法》新增的条文，是关于建筑物共有部分产生收益的归属的规定。

区分所有建筑物的共有部分属于业主共有，如果共有部分发生收益，应当归全体业主所有。建设单位物业服务企业或其他管理人将这些收益作为自己的经营收益侵害全体业主的权利的，构成侵权行为。

关联规定

《物业管理条例》

第五十四条、第六十三条

案例精析

1. 某公司与建某、中国某公司等不当得利纠纷案

案号：（2022）云民申 4741 号

来源：中国裁判文书网

裁判要点

小区 5 号楼共有 165 套住房及 11 套商铺，某乙公司与某甲公司于 2013 年 12 月 31 日签订《某公司某号租用楼顶产地》时，住房已全部销售完毕，商铺最晚已于 2018 年 2 月 11 日销售完毕。在本案中，5 号楼的楼顶场地应当认定为业主共有，故该场地出租的收益，依法应当由业主共有。本案二审判令某甲公司向某某委会返还租赁费，并无不当。

2. 某公司诉某业主大会等业主撤销权纠纷案

案号：（2022）沪 02 民初 16 号

来源：中国裁判文书网

裁判要点

《民法典》第二百八十二条规定，建设单位、物业服务企业或者其他管理人等利用业主的共有部分产生的收入，在扣除合理成本之后，属于业主共有。因此，对该共有收入的使用属于业主共同决定事项，被告通过召开业主大会作出暂时取消公共收益资金转入维修基金计划，以备诉讼相关费用的支出的决定，并未损害业主权利。

3. 某服饰店诉张某、某机关事务管理局、某机关服务中心财产损害赔偿纠纷案

案号：（2023）兵 11 民再 7 号

来源：人民法院案例库 2023-16-2-043-004

裁判要点

（1）漏水水管位于住户自用水表的水阀之外，对于住户来说"不具有利用上的独立性，也不可以排他使用"，故该部分水管应当认定为属于全楼共用水管，属于楼栋业主的共有部分，故不应当由住户独自承担全部损害赔偿责任。

（2）物业公司虽未与住户签订《物业服务合同》，但物业公司向业主收取物业管理费用，事实上也为小区提供物业服务。故物业公司对小区共有部分负有维修、养护与管理的职责，其未尽到注意义务，应承担主要的赔偿责任。

第二百八十三条 【建筑物及其附属设施的费用分摊和收益分配确定规则】

> 建筑物及其附属设施的费用分摊、收益分配等事项，有约定的，按照约定；没有约定或者约定不明确的，按照业主专有部分面积所占比例确定。

专有部分面积，按照不动产登记簿记载的面积计算；尚未进行登记的，暂按测绘机构的实测面积计算；尚未进行实测的，暂按房屋买卖合同记载的面积计算。

思维导图

- 建筑物及其附属设施的费用分摊、收益分配等事项
  - 有约定的，按照约定
  - 没有约定或者约定不明确的，按照业主专有部分面积所占比例确定

案例精析

卢某某、某公司物业服务合同纠纷案

案号：（2023）桂06民终1518号

来源：中国裁判文书网

裁判要点

关于公摊电费的问题。《民法典》第二百八十三条规定：“建筑物及其附属设施的费用分摊、收益分配等事项，有约定的，按照约定；没有约定或者约定不明确的，按照业主专有部分面积所占比例确定。”公摊水电费是为了保障小区公共照明、景观、消防、门禁、监控、发电机等建筑物及其附属设施正常运行产生的用水用电费用及其损耗，属于业主共有的共用设施设备部分的费用，应当由业主分摊。一审判决卢某某向物业公司支付公摊电费55元正确。

卢某某又上诉主张，公摊电费应与物业公司收取的停车管理费相抵扣。本院认为，《民法典》第二百七十五条第二款规定“占用业主共有的道路或者其他场地用于停放汽车的车位，属于业主共有”，第二百八十二条规定“建设单位、物业服务企业或者其他管理人等利用业主的共有部分产生的收入，在扣除合理成本之后，属于业主共有”，小区的车位属于小区业主共有，物业公司收取停车管理费后扣除合理成本的部分属于业主共有，在未经业主一致同意的情况下，业主无权将属于全体业主的停车管理费用于抵扣其个人应缴纳的公摊电费，否则将损害按时缴纳物业管理费的业主的合法权益。

第二百八十四条 【建筑物及其附属设施的管理】

业主可以自行管理建筑物及其附属设施，也可以委托物业服务企业或者其他管理人管理。

对建设单位聘请的物业服务企业或者其他管理人，业主有权依法更换。

要点注释

在业主、业主大会选聘物业服务企业之前，建设单位选聘物业服务企业的，应当签订书面的前期物业服务合同。建设单位与物业买受人签订的买卖合同应当包含前期物业服务合同约定的内容。前期物业服务合同可以约定期限，但是，期限未满业主委员会与物业服务企业签订的物业服务合同生效的，前期物业服务合同终止。

思维导图

关联规定

《物业管理条例》第二条、第三十二条至第三十六条

案例精析

某物业服务有限公司与杨某、杨某2等财产损害赔偿纠纷案

案号：（2024）兵08民终124号

来源：中国裁判文书网

裁判要点

案涉供热管道属于该楼房的附属设施，该楼栋的部分业主共同使用该管道，故使用该管道的全体业主是案涉管道的所有权人，对案涉管道负有直接管理职责；即便全体业主委托上诉人管理，上诉人在无过错的情形下，产生的法律后果应由全体业主承担。上诉人提交证据证实其履行了每年一次的安全普查义务，但其在发现案涉公共管道老化及有人自行更换部分管道的情况之后，没有及时将情况向业主委员会及业主进行报告、提示，上诉人履行代为管理义务存在瑕疵，对管道爆裂事件发生存在一定的过错，本院酌情认定上诉人应承担20%赔偿责任6255.20元（31276元×20%）。

第二百八十五条 【物业服务企业或其他接受业主委托的管理人的管理义务】

物业服务企业或者其他管理人根据业主的委托，依照本法第三编有关物业服务合同的规定管理建筑区划内的建筑物及其附属设施，接受业主的监督，并及时答复业主对物业服务情况提出的询问。

物业服务企业或者其他管理人应当执行政府依法实施的应急处置措施和其他管理措施，积极配合开展相关工作。

物业服务合同应当对物业管理事项、服务质量、服务费用、双方的权利义务、专项维修资金的管理与使用、物业管理用房、合同期限、违约责任等内容进行约定。

要点注释

业主委员会应当与业主大会选聘的物业服务企业订立书面的物业服务合同。物业服务企业应当按照物业服务合同的约定，提供相应的服务。物业服务企业未能履行物业服务合同的约定，导致业主人身、财产安全受到损害的，应当依法承担相应的法律责任。

本条第二款为《民法典》新增条款，规定了物业服务企业或其他管理人对政府依法实施的应急处置和管理措施的积极配合义务。

关联规定

《民法典》

第九百三十七条至第九百五十条

案例精析

1. 姜某某、某物业管理有限公司物业服务合同纠纷案

案号：（2024）辽03民终980号

来源：中国裁判文书网

裁判要点

本案的争议焦点为被上诉人的物业服务是否存在瑕疵，是否应当减免物业费。对于争议焦点，上诉人姜某某以案涉小区业主存在违建、占用公共面积，消防通道被占用等问题，被上诉人某物业管理公司没有尽到管理职责，物业服务存在瑕疵为由拒交物业费，实际上是上诉人认为被上诉人物业服务质量不到位而拒交物业费。本院认为，业主拒绝交纳物业费需要基于正当理由，一般限于物业服务企业不履行物业服务合同，或者履行合同存在重大瑕疵等情形。物业服务的对象具有广泛性，即以全体小区业主为服务对象，对其服务质量的评判不能以个别或少部分业主的主观感受作为判断标准，在物业服务企业已经提供物业服务的情况下，如果允许个别或部分业主以主观感受或以物业服务存在瑕疵为由而拒交物业费或减免物业费，对已经交纳物业费的业主亦是一种不公平，既影响了物业服务工作的正常运作，同时也侵犯了其他已缴费业主的利益。在物业服务合同履行过程中，若业主对物业服务不满意，可与物业服务企业加强沟通或通过业主大会、业主委员会以及相关主管部门向物业服务企业主张权利。本案中，上诉人姜某民提交的证据不足以证明被上诉人某物业管理公司完全没有提供服务或管理严重缺失，被上诉人某物业管理公司的物业服务不构成重大瑕疵，上诉人以拒交物业费消极对抗对被上诉人的不满既是一种违约行为，又是对已经交费业主的不公平；另外，一审法院基于督促被上诉人提升物业服务质量考虑，已经结合本案实际驳回了被上诉人关于案涉物业费滞纳金的诉讼请求，故对上诉人主张物业服务存在瑕疵应减免物业费一节，本院不予支持。

2. 广东某物业服务有限公司诉郭某物业服务合同纠纷案

案号：（2023）粤 52 民再 3 号

来源：人民法院案例库 2023-16-2-121-007

裁判要点

（1）关于定期给付的物业服务费诉讼时效起算点认定的问题。物业公司与业主之间成立物业服务法律关系，作为提供物业服务主体，物业公司享有请求业主给付物业费的债权。按照物业服务合同约定定期给付物业服务费，属典型的继续性合同，但有别于约定分期付款的借款合同，物业服务合同一直在产生新的债，而借款合同的借款本金在合同订立时已是明确的，是同一个债务分期履行。物业服务合同中的每一期债务在合同履行过程中相继发生，各期债务之间虽互有关联性，但更具有可分性，独立性大于关联性，应认定为独立债务，故诉讼时效应自每一期债务履行期限届满之日分别计算更为合理。关于物业公司的权益，民法典第一百九十五条中规定了诉讼时效中断的情形，物业公司也可据此及时向业主提出履行请求，保障自身权益。

（2）关于其他公共区域物业服务管理费用的分担。少数业主在与物业公司产生矛盾纠纷后，如何保障自身权益依然是当下司法实践中较为常见的问题。本案中，物业公司主动发出《告知函》不再对 × 幢 × 梯的所有业主提供相关物业服务，实际上给该梯业主的日常生活造成了较大的影响。根据《民法典》第二百七十八条的规定，解聘物业公司应当由专有部分面积占比三分之二以上的业主且人数占三分之二以上的业主参与表决，并应当经参与表决专有部分面积过半数的业主且参与表决人数过半数的业主同意。该梯业主作为该小区的少数业主，明显无法自行解聘并重新选聘物业公司。该梯业主通过自筹资金、评选业主代表等进行日常自治管理，解决该梯公共区域共用设施设备维护、清洁等问题，但仍存在除了该梯以外其他公共区域服务管理的问题。少数业主在无法更换物业公司的情况下，确实处于较为弱势的地位，但也确实享受了该物业公司对于除该梯以外其他公共区域的服务，为兼顾公平，故按照物业公司与多数业主约定的收费标准酌情判决该梯业主支付一定比例的物业服务费。

少数业主在解除物业服务合同后，应以何种方式获得新的物业服务管理是司法实践所需考量的问题，如何平衡多数人与少数人的利益，在未有新的相关规定出台前，采取本案中 × 幢 × 梯业主的自治方式，并根据实际情况支付一定比例的物业服务费不失为一种折中的处理方式。

第二百八十六条 【业主守法义务和业主大会与业主委员会职责】

业主应当遵守法律、法规以及管理规约，相关行为应当符合节约资源、保护生态环境的要求。对于物业服务企业或者其他管理人执行政府依法实施的应急处置措施和其他管理措施，业主应当依法予以配合。

业主大会或者业主委员会，对任意弃置垃圾、排放污染物或者噪声、违反规定饲养动物、违章搭建、侵占通道、拒付物业费等损害他人合法权益的行为，有权依照法律、法规以及管理规约，请求行为人停止侵害、排除妨碍、消除危险、恢复原状、赔偿损失。

业主或者其他行为人拒不履行相关义务的，有关当事人可以向有关行政主管部门报告或者投诉，有关行政主管部门应当依法处理。

业主或者其他行为人违反法律、法规、国家相关强制性标准、管理规约，或者违反业主大会、业主委员会依法作出的决定，实施下列行为的，可以认定为本条第二款所称的其他“损害他人合法权益的行为”：（1）损害房屋承重结构，损害或者违章使用电力、燃气、消防设施，在建筑物内放置危险、放射性物品等危及建筑物安全或者妨碍建筑物正常使用；（2）违反规定破坏、改变建筑物外墙面的形状、颜色等损害建筑物外观；（3）违反规定进行房屋装饰装修；（4）违章加建、改建，侵占、挖掘公共通道、道路、场地或者其他共有部分。

要点注释

业主守法义务，除遵守法律、行政法规之外，还要遵守管理规约的规定。管理规约是业主大会制定的区分所有建筑物管理的自治规则，内容是业主为了增进共同利益，确保良好的生活环境，经业主大会决议的共同遵守事项。管理规约的订立、变更，都必须经过业主大会决议，且须经参与表决专有部分面积过半数的业主且参与表决人数过半数的业主同意。

对物业服务企业或其他管理人执行政府实施的应急处置和其他管理措施，业主也应积极予以配合。

思维导图

案例精析

1. 某小区业主委员会诉哈尔滨市松北区松祥街道办事处不履行业委会备案法定职责案

案号：（2023）黑 01 行终 22 号

来源：人民法院案例库 2024-12-3-021-007

裁判要点

（1）物业管理区域的划分和调整应遵守“考虑物业的共用设施设备、建筑物规模、社区建设等因素”的原则，并由省、自治区、直辖市制定具体办法。

（2）未经具有法定职责机关依法定程序调整，已经划定的物业管理区域不得随意变更。业主虽然不是物业管理区域划分和调整的权利主体，但对于物业管理区域划分和调整具有法定程序上的否决权。

（3）调整物业管理区域应结合实际情况，充分尊重业主意见，并依照法定程序，业主、业主委员会或业主大会对物业管理区域的调整享有申请行政复议和提起行政诉讼的权利。

2. 福建省某物业管理有限公司诉福州市台江区某业主委员会物业服务合同纠纷案

案号：（2022）闽民再 304 号

来源：人民法院案例库 2023-07-2-121-003

裁判要点

（1）业主委员会成立及成员的选任是业主自治权行使的结果，是对外代表全体业主、维护全体业主整体利益的手段、形式、载体。因所有权核心权能是基于真实意思表示的处分权，除非法律、行政法规有强制性规定，否则应尊重所有权人基于整体利益而为的团体意思表示，即业主委员会不因任期届满而丧失诉讼主体资格。

（2）《物业管理条例》第十六条规定了业主委员会应当自选举产生之日起 30 日内，向物业所在地的区、县人民政府房地产行政主管部门和街道办事处、乡镇人民政府备案，该条中的备案为程序性要求，属行政主管部门单纯接受备案的行为，未备案对于业主委员会的诉讼主体资格并不产生影响。

第二百八十七条 【业主请求权】

业主对建设单位、物业服务企业或者其他管理人以及其他业主侵害自己合法权益的行为，有权请求其承担民事责任。

关联规定

《最高人民法院关于审理物业服务纠纷案件适用法律若干问题的解释》

第二条至第三条

案例精析

1. 某业主委员会诉某置业有限公司、某物业管理股份有限公司物权确认纠纷、财产损害赔偿纠纷案

来源：《最高人民法院公报》2018年第11期

裁判要点

开发商与小区业主对开发商在小区内建造的房屋发生权属争议时，应由开发商承担举证责任。如开发商无充分证据证明该房屋系其所有，且其已将该房屋建设成本分摊到出售给业主的商品房中，则该房屋应当属于小区全体业主所有。开发商在没有明确取得业主同意的情况下，自行占有使用该房屋，不能视为业主默示同意由开发商无偿使用，应认定开发商构成侵权。业主参照自该房屋应当移交时起的使用费向开发商主张赔偿责任的，人民法院应予支持。

2. 某物业公司诉某银行青岛分行、某商业公司物业服务合同纠纷案

案号：（2022）最高法民再223号

来源：人民法院案例库2023-07-2-121-001

裁判要点

个别业主与建设单位在商品房买卖合同中约定排除前期物业服务合同，对物业服务企业不发生效力，业主依然应受到前期物业服务合同的约束。

在承认前期物业服务合同对业主具有约束力的基础上，考虑到前期物业服务合同系建设单位与物业服务企业签订，与业主委员会与业主大会依法选聘的物业服务企业签订的物业服务合同相比，在合同签订主体、价格协商的竞争性、公开性、社会公众认知、业主接受度、合同终止等方面仍有不同，在单个业主和业主团体均没有机会参与前期物业服务合同的磋商谈判的情况下，绝对以合同单价为准可能导致利益失衡，物业费计算应以前期物业合同物业费标准计算的数额为基数，根据实际情况综合认定。

3. 舒某某等诉浙江某物业管理有限公司衢州分公司等排除妨害纠纷案

案号：（2020）浙 08 民终 360 号

来源：人民法院案例库 2023-07-2-039-002

裁判要点

获得三分之二以上的业主赞成通过的管理公约，对业主具有约束力。物业管理公司执行管理公约中关于限制业主车辆自由进入小区之规定的物业服务行为，不属于妨害物权。业主请求排除妨害的，不予支持。

4. 聂某诉某生活服务集团股份有限公司东莞分公司、某生活服务集团股份有限公司物业服务合同纠纷案

案号：（2021）粤 19 民终 12866 号

来源：人民法院案例库 2024-10-2-121-001

裁判要点

业主在车位上加装充电设施系对车位的合理使用。业主为自有车辆充电需要，在其车位上加装充电设施，并不一定会对用电安全、消防安全、道路交通、人防效能等产生影响，物业服务企业不得直接以出具安装证明涉及业主公共利益或公共安全为由，消极对待业主的安装申请。业主安装充电桩后，物业服务企业发现充电设施存在安全隐患时，可以及时行使物业管理权力予以纠正、制止，相关权益人也应配合物业服务企业的监管。

5. 邹某甲、胡某某、邹某乙诉上海市闵行区某小区业主委员会业主撤销权纠纷案

案号：（2020）沪 0112 民初 36110 号

来源：人民法院案例库 2023-07-2-046-003

裁判要点

业主所享有的建筑物区分所有权由专有权、共有权及成员权组成，违法事项所侵害的是业主就专有或共有部分被合法管理的权利。在表决事项已明确违法的情况下，即使出现“多数决”，少数业主仍有权通过业主撤销权对抗。在判断业主大会的决定是否符合法律规定的程序以及是否侵害业主的合法权益，需要把握好尺度，关注原告主体资格审查中的“诚实性”，把握表决程序审查中的“规则性与灵活性”，实现实体权益受损审查中的“合法性与容忍性”。

物业管理条例

第一章　总　　则

第一条 【立法宗旨】

为了规范物业管理活动，维护业主和物业服务企业的合法权益，改善人民群众的生活和工作环境，制定本条例。

一些地方对业主的范围进行了相对明确的规定，如《北京市物业管理条例》第二十五条规定，房屋的所有权人为业主。公房尚未出售的，产权单位是业主；已出售的，购房人是业主。
《物业管理条例》所称业主还包括：
（1）尚未登记取得所有权，但是基于买卖、赠与、拆迁补偿等旨在转移所有权的行为已经合法占有建筑物专有部分的单位或者个人；
（2）因人民法院、仲裁机构的生效法律文书取得建筑物专有部分所有权的单位或者个人；
（3）因继承取得建筑物专有部分所有权的个人；
（4）因合法建造取得建筑物专有部分所有权的单位或者个人；
（5）其他符合法律法规规定的单位或者个人。

物业服务企业，是指依法设立、具有独立法人资格，从事物业管理服务活动的企业。

要点注释

根据原《物权法》的规定，2007年《物业管理条例》修订时，将“物业管理企业”修改为“物业服务企业”，将“业主公约”修改为“管理规约”，将“业主临时公约”修改为“临时管理规约”。虽然只是变动了几个字，但意义却全然不同，明确了物业公司的定位——为业主服务，摆正了物业公司与业主之间的关系。但这也不意味着物业公司就完全丧失了“管理”的权力。例如，有的业主为了自己方便私搭乱建一些设施，这样做可能给整个小区带来安全隐患，这时物业公司可以代表业主制止其行为。物业公司的这个举动，对大部分业主来说是服务，但对私搭乱建的业主来说就是管理。

思维导图

关联规定

《民法典》

第二百七十一条至第二百八十七条

案例精析

1. 侯某等诉上海市某区住房保障和房屋管理局物业区域划分案

来源：《中国行政审判指导案例》（第 3 卷）[①]

裁判要点

除有具体法律规则外，法院认为还应当考虑到《物业管理条例》第一条的立法目的，物业管理区域的划分自然要维护业主和物业服务企业的合法权益。本案中案涉大厦和案涉小区同属于一个物业管理区域并未损害业主的合法权益，若是分开管理可能会给业主和物业管理带来不便。由此，可知法院认为行政机关不仅需要考虑法律明列却未穷尽的因素，还要综合考虑法律规定的原则性条款以及相关立法目的因素，同时考虑该相关因素是否损害当事人的合法权益，然后予以确认行政裁量的适当性。

2. 某实业公司诉某物业管理公司物业服务合同纠纷案

案号：（2018）最高法民再 263 号

来源：人民法院案例库 2023-07-2-121-002

裁判要点

开发商投资建设地下车库，但是相应的车位并未办理产权登记，开发商在房屋销售初始并未与业主约定地下车库的归属或者使用，而是通过签订物业服务合同委托交付给物业公司进行管理和收取相关的费用。在开发商与小区业主并未约定地下车库的归属或者使用，亦无法证明地下停车场的建设款项列入由业主分摊的涉案小区的建设成本时，地下车位由开发商建设、投资的，仍归开发商使用收益。因地下车位在没有计入容积率即并未占用涉案小区土地的使用权，不宜认定地下车库已随案涉小区项目土地使用权的转让，一并转移给全体业主所有。物业服务合同到期后，开发商有权依据合同约定收回地下车位及相应的收益。

---

① 《中国行政审判指导案例》（第 3 卷），中国法制出版社 2010 年版，第 137~142 页。

第二条　【物业管理定义】

本条例所称物业管理，是指业主通过选聘物业服务企业，由业主和物业服务企业按照物业服务合同约定，对房屋及配套的设施设备和相关场地进行维修、养护、管理，维护物业管理区域内的环境卫生和相关秩序的活动。

物业管理基本内容按服务的性质和提供的方式可分为：常规性的公共服务、针对性的专项服务和委托性的特约服务三大类。

一是常规性的公共服务，主要有以下几项：（1）房屋建筑主体的管理及住宅装修的日常监督；（2）房屋设备、设施的管理；（3）环境卫生的管理；（4）绿化管理；（5）配合公安和消防部门做好住宅区内公共秩序维护和安全防范工作；（6）车辆道路管理；（7）公众代办性质的服务。

二是针对性的专项服务：（1）日常生活类；（2）商业服务类；（3）文化、教育、卫生、体育类；（4）金融服务类；（5）经纪代理中介服务；（6）社会福利类。

三是委托性的特约服务。物业服务企业在实施物业管理时，第一大类是最基本的工作，是必须做好的。同时，根据自身的能力和业主的要求，确定第二、第三大类中的具体服务项目与内容，采取灵活多样的经营机制和服务方式，以人为核心做好物业管理的各项管理与服务工作，并不断拓展其广度和深度。

要点注释

该条界定的物业管理是从狭义上理解的，物业管理的内涵包括：（1）物业管理的管理对象是物业；（2）物业管理的服务对象是人，即物业所有人（业主）和使用人；（3）物业管理的属性是经营。物业管理被视为一种特殊的商品，物业管理所提供的是有偿的无形的商品——劳务与服务。

需要提醒读者注意的是，民法典对物业管理的规定是从广义角度进行定义的，还包括前期物业服务合同。

思维导图

关联规定

《物业服务收费管理办法》

第十七条至第二十条

《物业服务收费明码标价规定》

第二条

《前期物业管理招标投标管理暂行办法》

案例精析

1. 抚顺市某物业管理有限公司、王某物业服务合同纠纷案

案号：（2023）辽04民终2794号

来源：中国裁判文书网

裁判要点

根据《物业管理条例》第二条规定，本案虽然没有签订书面物业服务合同，但对房屋建筑共有部位进行维修、养护和管理，是物业服务的应有之义和重要义务，应当履行。房屋建筑共用部位，包括楼盖、屋顶、外墙面、承重结构、楼梯间、走廊通道、门厅等。本案中，王某屋顶漏水，屋顶属于房屋建筑共有部位，某物业应当履行维修义务。因某物业未尽到维修义务，导致王某产生经济损失，某物业应当赔偿。

2. 中山市某物业管理有限公司诉方某某物业服务合同纠纷案

案号：（2022）粤20民终849号

来源：人民法院案例库2023-16-2-121-006

裁判要点

涉案商业楼虽不在物业服务合同约定的物业服务管理范围内，涉案商业楼所有权人也并非物业服务合同的相对方，但在物业公司已向涉案商业楼履行基本的养护、管理、清洁、安全保障等义务且涉案商业楼所有权人也长期未提出异议的情况下，双方形成事实上的物业服务合同关系，涉案商业楼所有权人应向物业公司缴纳物业费。

第三条 【选择物业服务企业的方式】

国家提倡业主通过公开、公平、公正的市场竞争机制选择物业服务企业。

物业管理活动要“公开”。
其一，物业管理招标活动的信息应当公开。招标人采用公开招标方式，应当通过公开出版的报刊、信息网络或者其他公众媒介发布；需要进行资格预审的，应当发布相关资格预审公告；采用邀请招标方式的，招标方式应当向3个以上的特定的物业服务企业发出邀请书。
其二，开标的程序要公开。开标应当公开进行，所有的潜在投标人均可参加开标。开标的时间、地点应当与事先提供的招标文件上载明的时间、地点一致；开标时，应先由投标人或者其推选的代表检查投标文件的密封情况，经确认无误后，由工作人员当众拆封，宣读投标书主要内容。
其三，评标的标准和程序要公开。评标的标准和办法在提供给所有投标人的招标文件中载明，评标应当严格按照招标文件载明的标准和办法进行，招标人不得与投标人就投标价格、招标方案等实质性内容进行谈判。
其四，中标的结果要公开。确定中标人后，招标人应当向中标人发出中标通知书，并同时将中标结果通知所有未中标的投标人。未中标的投标人对招标活动和中标结果有异议的，有权向有关行政监督部门投诉。

对于物业管理招标方和投标方而言，都要遵循公平和公正的原则。
首先，对于招标方来说，就是要严格按照公开的招标条件和程序办事，同等地对待每一个投标者，包括提供相同的招标信息，对招标文件作出相同的解释，对投标方使用相同的标准和程序进行资格审查，对于投标担保的要求应适用所有投标人，对所有在投标截止日期以后送到的投标书一律拒收，与投标人有利害关系的人不得作为评标委员会委员，不得泄露标底，不得区别待遇等。
其次，对于投标方来说，应当以正当的手段参加投标竞争，不得串通投标，不得向招标方及其工作人员行贿、提供回扣或者给予其他好处等。

要点注释

物业管理活动本质上是一项民事法律活动，国家积极促使物业服务企业正视竞争，通过招标投标方式，接受业主委员会的聘请。双方在完全平等的原则下，双向选择签订合同，明确各自的权利义务。同时国家也高度重视确立价格机制的权威，规范物业管理行为。

思维导图

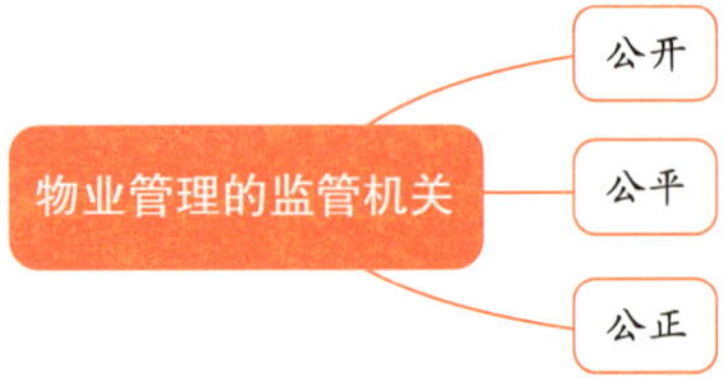

关联规定

《民法典》

第四条至第八条

第四条　【物业管理发展的途径】

国家鼓励采用新技术、新方法，依靠科技进步提高物业管理和服务水平。

案例精析

陕西某物业管理有限责任公司、宋某等排除妨害纠纷案

案号：（2021）陕 01 民终 1871 号

来源：中国裁判文书网

裁判要点

物业管理公司依据物业管理服务合同为物业使用人或所有人提供物业管理服务。物业公司的职责中包括小区房屋共用部分和共用设施设备的维护以及房屋专项维修资金的代管等。本案渗水（漏水）的区域为 ×× 房屋内部，至于涉案房屋是否系共用部分或者楼上其他房屋导致的渗水（漏水）需要通过鉴定得出结论，刘某某作为 ×× 号房屋楼上相邻的 ×× 号房屋业主，应配合鉴定部门查找出渗水（漏水）的具体原因。《物业管理条例》第四条规定是关于国家鼓励物业管理依靠科技进步提高管理和服务水平的原则性规定。刘某某依据该条规定认为检测为物业公司的责任，理由不能成立。

第五条　【物业管理的监管机关】

国务院建设行政主管部门负责全国物业管理活动的监督管理工作。

县级以上地方人民政府房地产行政主管部门负责本行政区域内物业管理活动的监督管理工作。

思维导图

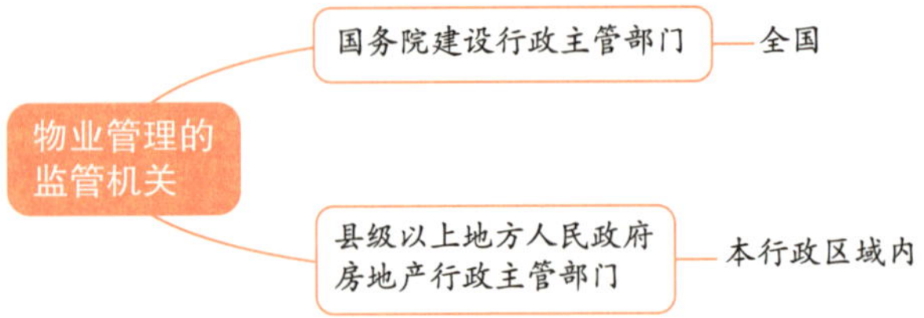

案例精析

卢某、王某与某某物业服务有限公司物业服务合同纠纷

案号：（2024）冀 10 民终 935 号

来源：中国裁判文书网

裁判要点

关于案涉房屋物业费收取标准争议是否属于法院主管问题。

原告在庭审中提交多个证据，用以证实其关于本案所涉房产并非别墅，3.8 元 / 月 / 平方米的收费标准超标等主张。一审法院认为，霸州市物价局、霸州市住房保障和房产管理局联合发布的《市物价局关于印发我市住宅区物业服务等级标准和政府指导价物业服务收费及相关服务收费指导标准的通知》明确规定住房保障和房产管理部门对物业服务等级标准执行情况进行监督管理，物价部门负责物业服务收费备案管理工作，对物业服务企业收费行为进行监督检查，查处违法行为。故对该“现状”房产应按什么标准收费，目前收费标准是否超标，不属于人民法院的职权范围。此外，物业管理费用的标准涉及小区全体业主的公共利益，因此对于物业管理费用的标准诉权的行使，除了考虑合同的相对性，还应当考虑公共利益保护的需要，由业主大会或者业主委员会行使，不宜由个别业主单独行使。

本案中，依上诉人所诉事由及请求，其实质上是对被上诉人的物业收费标准存在争议，认为收费标准过高，并应退还多向上诉人收取的物业费。根据《物业管理条例》第五条第二款、第四十二条、第四十八条规定，该事宜应由当地政府有关行政主管部门处理，原审法院认定并无不当。

第二章　业主及业主大会

第六条 【业主定义及权利】

房屋的所有权人为业主。

业主在物业管理活动中，享有下列权利：

（一）按照物业服务合同的约定，接受物业服务企业提供的服务；

（二）提议召开业主大会会议，并就物业管理的有关事项提出建议；

（三）提出制定和修改管理规约、业主大会议事规则的建议；

（四）参加业主大会会议，行使投票权；

（五）选举业主委员会成员，并享有被选举权；

（六）监督业主委员会的工作；

（七）监督物业服务企业履行物业服务合同；

（八）对物业共用部位、共用设施设备和相关场地使用情况享有知情权和监督权；

（九）监督物业共用部位、共用设施设备专项维修资金（以下简称专项维修资金）的管理和使用；

（十）法律、法规规定的其他权利。

业主知情权是指业主了解建筑区划内涉及业主共有权以及共同管理权相关事项的权利。根据《最高人民法院关于审理建筑物区分所有权纠纷案件适用法律若干问题的解释》第十三条的规定，业主请求公布、查阅建筑物及其附属设施的维修资金使用、业委会的决定及会议记录、共有部分的收益、物业服务合同等情况和资料的，人民法院应予支持。司法解释对于业主知情权的范围作出了明确的规定，业主以合理的方式行使知情权，应当受到法律保护。

要点注释

业主，是指物业的所有权人，通常指房屋的所有权人，也包括与房屋相配套的设备、设施和相关场地的所有权人。物业使用人是与业主相关的一个概念，主要是指物业承租人等物业的实际使用人。一般而言，物业管理只涉及业主与物业服务企业之间的权利义务，而不涉及使用人。但现在也有业主购买商品房不是为了自己居住，而是为了投资。这部分业主在购买了房屋之后即将所购房屋出租给他人使用。这样，物业管理关系就不仅仅涉及业主和物业服务企业，还涉及承租人。

除此之外，物业的实际使用人还可能是尚未出售的公有住房的使用人。应该分清物业的所有权人与物业的使用人的概念，明确物业的使用人不是业主。物业的使用人，是指物业的承租人和实际使用物业的其他人。业主是物业的所有权人，对物业享有占有、使用、收益和处分的全部权利；而使用人对物业只享有占有、使用或者一定条件的收益权，没有处分的权利。

思维导图

为主的权利

- （一）按照物业服务合同的约定，接受物业服务企业提供的服务；
- （二）提议召开业主大会会议，并就物业管理的有关事项提出建议；
- （三）提出制定和修改管理规约、业主大会议事规则的建议；
- （四）参加业主大会会议，行使投票权；
- （五）选举业主委员会成员，并享有被选举权；
- （六）监督业主委员会的工作；
- （七）监督物业服务企业履行物业服务合同；
- （八）对物业共用部位、共用设施设备和相关场地使用情况享有知情权和监督权；
- （九）监督物业共用部位、共用设施设备专项维修资金（以下简称专项维修资金）的管理和使用；
- （十）法律、法规规定的其他权利。

关联规定

《民法典》

第二百七十二条至第二百七十七条

《最高人民法院关于审理建筑物区分所有权纠纷案件适用法律若干问题的解释》

第一条、第七条、第十三条

案例精析

李某、某物业公司物业服务合同纠纷

案号：（2024）辽05民申12号

来源：中国裁判文书网

裁判要点

根据《物业管理条例》第六条第一款、《最高人民法院关于审理建筑物区分所有权纠纷案件适用法律若干问题的解释》第一条的规定。被申请人某物业公司与某小区业主委员会代表签订的物业服务合同及物业服务标准，不违反法律的强制性规定，对本小区业主具有约束力，合法有效，某物业公司有权收取物业服务费。李某于2017年12月7日取得某小区××组××栋××号门市所有权登记，且自述曾于2021年3月向某物业公司交纳了物业费，亦曾提出房屋维修请求，原审据此认定李某为该小区业主，并判令其限期给付拖欠的物业费，并无不当。李某提出“自己购买的房屋是小区门外的商业用房不是业主，物业公司承诺的服务，我都没有享受到，所以我不应该交物业费”的主张，缺乏事实和法律依据，本院不予采纳。

第七条 【业主的义务】

业主在物业管理活动中，履行下列义务：

（一）遵守管理规约、业主大会议事规则；

（二）遵守物业管理区域内物业共用部位和共用设施设备的使用、公共秩序和环境卫生的维护等方面的规章制度；

（三）执行业主大会的决定和业主大会授权业主委员会作出的决定；

（四）按照国家有关规定交纳专项维修资金；

（五）按时交纳物业服务费用；

（六）法律、法规规定的其他义务。

业主在使用住宅区物业时，应当遵守下列规定：①未经市政府有关部门批准，不得改变房屋结构、外貌和用途；②不得对房屋内外承重墙、梁、柱、楼板、阳台、天台、屋面及其通道进行违章凿、拆、搭、占；③不得燃放易燃易爆、剧毒、放射性等物品，但自用生活性燃料除外；④不得利用房屋从事危害公共利益的活动；⑤不得侵害他人的正当利益；⑥不得以放弃权利为由而不履行义务。

例如，业主应自觉维护公共场所的整洁、美观、畅通及公用设施的完好，不得在任何公共场所违章搭建任何建筑物或堆放、悬挂、弃置物品、垃圾，不得损坏、拆除、改造供电、供水、供气、交通、排水、排污、消防等公用设备；住宅所有人不得擅自侵占住宅的共用部位和共用设施设备，不得擅自增加或者减少对该幢住宅共用设施设备正常运行有影响的自用设备。禁止在住宅区内有下列行为：践踏、占用绿化地；占用楼梯间、通道、屋面、平台、道路、停车场、自行车棚等公用设施而影响其正常使用功能；乱抛垃圾、杂物；影响市容观瞻的乱搭、乱贴、乱挂等；损坏、涂划园林艺术雕塑；聚众喧闹；随意停放车辆和鸣喇叭；发出超过规定标准的噪声；排放有毒、有害物质；经营锻造、锯木、建筑油漆、危险品、殡仪业以及利用住宅开舞厅、招待所等危害公共利益或影响业主正常生活秩序的行为等。

要点注释

业主在物业管理活动中的义务主要体现在以下几个方面：（1）遵守规约、执行决定的义务。主要包括：遵守管理规约、业主大会议事规则；遵守物业管理区域内物业共用部位和共用设施设备的使用、公共秩序和环境卫生的维护等方面的规章制度；执行业主大会的决定和业主大会授权业主委员会作出的决定。（2）交纳资金费用的义务。主要包括：按照国家有关规定交纳专项维修资金；按时交纳物业服务费用。（3）法律、法规规定的其他义务。

思维导图

- **业主在物业管理活动中的义务**
  - 遵守、执行
    - 管理规约、业主大会议事规则；
    - 物业管理区域内物业共用部位和共用设施设备的使用、公共秩序和环境卫生的维护等方面的规章制度；
    - 业主大会的决定和业主大会授权业主委员会作出的决定。
  - 交纳资金费用
    - 按照国家有关规定交纳专项维修资金；
    - 按时交纳物业服务费用。
  - 法律、法规规定的其他义务

关联规定

《民法典》

第二百七十三条、第二百七十九条、第二百八十六条

《住宅专项维修资金管理办法》

《最高人民法院关于审理建筑物区分所有权纠纷案件适用法律若干问题的解释》

第十五条

案例精析

焦某与方城县某街道办事处房屋征收补偿协议纠纷案

案号：（2019）豫13行终215号

来源：中国裁判文书网

裁判要点

业主交纳住宅专项维修资金是法定义务，不能违反。国务院《物业管理条例》第六条第一款规定“房屋的所有权人为业主”，第七条规定“业主在物业管理活动中，履行下列义务……（四）按照国家有关规定交纳专项维修资金”《住宅专项维修资金管理办法》第九条第一款规定“业主交存的住宅专项维修资金属于业主所有”。根据上述法规和规章的规定，住宅专项维修资金取之于业主，用之于业主，业主交存的住宅专项维修资金属于业主所有。尽管本案涉及的2014年8月4日《征收补偿安置协议书》没有约定住宅专项维修资金的交纳事项，但是房屋的所有权人作为业主，依法负有交纳专项维修资金的法定义务。

第八条 【业主大会代表业主合法权益】

物业管理区域内全体业主组成业主大会。

业主大会应当代表和维护物业管理区域内全体业主在物业管理活动中的合法权益。

业主大会是业主的自治组织，是基于业主的建筑物区分所有权的行使产生的，因此只要是建筑区划内的业主，就有权参加业主大会。

业主大会相当于全体业主议事的一个权力机构 / 决策机构，它是一个机构（非常设机构），而不是一次会议。业主大会履行职责采取召开会议的方式，一般不直接对外从事民事活动。

要点注释

本条第二款规定了业主大会的根本宗旨。业主大会是业主为实现自己对物业的自我管理，为对物业管理区域内的共同事项作出决定而组成的。业主大会成立后，业主将主要通过业主大会这一机制实现对全体业主共同利益事项的决定和管理。这种自律组织依据国家法律、法规和政策规定以及管理规约的规定，实施自我管理、自我约束，不得组织与物业管理无关的其他活动。但是业主大会归根结底是公益性的自治组织，其各种决议或者措施都具有公益性质，而不是为了个别人的利益服务的。

关联规定

《民法典》

第二百七十七条

《业主大会和业主委员会指导规则》

第二条

第九条 【物业管理区域的划分】

一个物业管理区域成立一个业主大会。

物业管理区域的划分应当考虑物业的共用设施设备、建筑物规模、社区建设等因素。具体办法由省、自治区、直辖市制定。

例如，根据《哈尔滨市物业管理条例》，物业管理区域的划分，以建设用地规划许可证确定的用地范围为基础，并考虑物业的共用设施设备、建筑物规模、社区建设等因素划定。分期开发建设或者由两个以上单位共同开发建设的项目，其设置的附属设施设备是共用的，应当划分为一个物业管理区域。

要点注释

本条例并没有统一规定物业管理区域划分的标准，而是交由省、自治区、直辖市制定。

物业所在地区、县国土房管局会同街道办事处负责协调物业管理区域划分工作。划分住宅物业管理区域应当考虑建筑规模、自然形成、设施设备共用程度及社区建设等因素；非住宅区域划分主要考虑建设立项、规划等因素；住宅与非住宅结构相连的区域，应本着有利于物业管理的原则划定。

关联规定

《业主大会和业主委员会指导规则》

第七条

案例精析

江某二期小区业主委员会、广州市君某物业服务有限公司所有权纠纷

案号：（2022）粤 01 民终 16705 号

来源：中国裁判文书网

裁判要点

本案中，江某二期业委会虽称江某二期小区与一期小区是独立的物业区域，君某公司于 2013 年 4 月 10 日将江某二期单独备案为一个物业管理区域，但因一期和二期现行供水、供电配套设施及道路无法分割、独立使用等原因不宜划定两个不同的物业服务区域，故白云区住建交通局已于 2021 年 12 月 27 日撤销了江某二期单独的物业服务区域备案。因此，江某小区一期与二期统一为一个物业服务区域，针对该统一的物业服务区域，君某公司已于 2009 年 6 月 22 日办理了物业服务区域备案。综上，涉案江某一期、二期理应成立一个业主大会，代表和维护物业管理区域内全体业主在物业管理活动中的合法权益。

第十条 【业主大会成立方式】

同一个物业管理区域内的业主，应当在物业所在地的区、县人民政府房地产行政主管部门或者街道办事处、乡镇人民政府的指导下成立业主大会，并选举产生业主委员会。但是，只有一个业主的，或者业主人数较少且经全体业主一致同意，决定不成立业主大会的，由业主共同履行业主大会、业主委员会职责。

实践中，有人将业主大会和业主大会会议相混淆。业主大会≠业主大会会议，可以说成立业主大会或设立业主大会，而不能说召开业主大会。

业主委员会是业主大会的常设机构和执行机构。业主委员会应当执行业主大会的决定，接受业主的监督。

要点注释

本条规定了业主大会应当在物业所在地的区、县人民政府房地产行政主管部门或者街道办事处、乡镇人民政府的指导下成立。

我国业主大会采取二重机构设置的方式，即由全体业主组成业主大会，作为业主自治机构中的权力机构，行使重大事务的决策权；在业主大会下设立由业主民主选举产生的业主委员会。成立业主大会的同时应当选举产生业主委员会。

思维导图

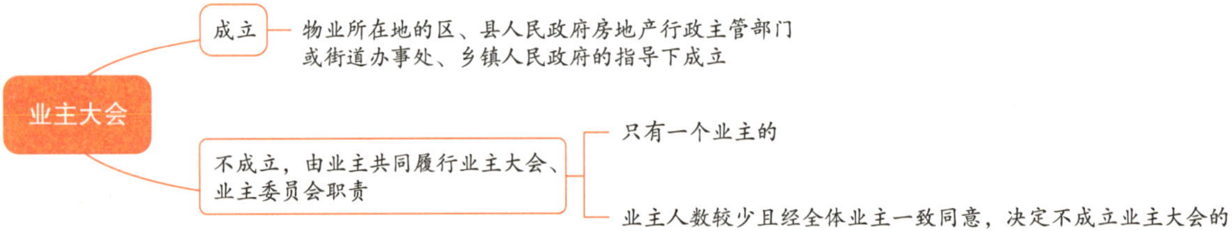

关联规定

《业主大会和业主委员会指导规则》

第八条至第十五条

案例精析

1. 西宁市某区人民政府文某街道办事处、美某业主委员会确认公告内容无效案

案号：（2024）青 01 行终 11 号

来源：中国裁判文书网

裁判要点

根据《物业管理条例》第十条及《青海省物业管理条例》第四条第一款规定，物业所在地的区、县人民政府房地产行政主管部门和街道办事处、乡镇人民政府对辖区内的物业产生的业主大会、业主委员会，具有指导、督促及接受备案的管理职责。本案中，美某业委会所在的小区原在虎某街道办事处辖区范围内，后经区域划分，于 2015 年 11 月将该小区划分至文某街道办事处，故文某街道办事处对美某小区的业主委员会，具有指导、督促及接受备案的管理职责。因此，文某街道办事处是本案适格被告。

2. 某小区业主委员会诉哈尔滨市松北区松祥街道办事处不履行业委会备案法定职责案

案号：（2023）黑 01 行终 22 号

来源：人民法院案例库 2024-12-3-021-007

裁判要点

（1）物业管理区域的划分和调整应遵守“考虑物业的共用设施设备、建筑物规模、社区建设等因素”的原则，并由省、自治区、直辖市制定具体办法。

（2）未经具有法定职责机关依法定程序调整，已经划定的物业管理区域不得随意变更。业主虽然不是物业管理区域划分和调整的权利主体，但对于物业管理区域划分和调整具有法定程序上的否决权。

（3）调整物业管理区域应结合实际情况，充分尊重业主意见，并依照法定程序，业主、业主委员会或业主大会对物业管理区域的调整享有申请行政复议和提起行政诉讼的权利。

第十一条　【业主共同决定事项】

下列事项由业主共同决定：

（一）制定和修改业主大会议事规则；

（二）制定和修改管理规约；

（三）选举业主委员会或者更换业主委员会成员；

（四）选聘和解聘物业服务企业；

（五）筹集和使用专项维修资金；

（六）改建、重建建筑物及其附属设施；

（七）有关共有和共同管理权利的其他重大事项。

要点注释

本条将原规定的“由业主大会履行的职责”改为“业主共同决定事项”，这是修改后的《物业管理条例》全面保护业主合法权益的充分体现。

另外，《民法典》第二百七十八条还增加了一项“改变共有部分的用途或者利用共有部分从事经营活动”也需由业主共同决定，提请读者注意。

思维导图

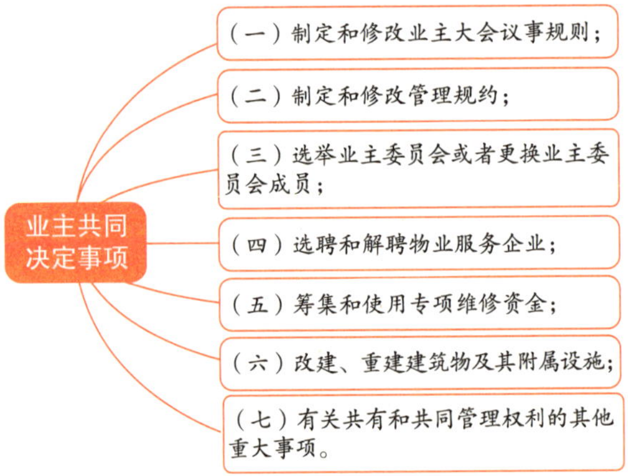

关联规定

《民法典》

第二百七十八条

《业主大会和业主委员会指导规则》

第十七条

案例精析

1. 永安市某某小区业主委员会、福建省某某物业管理有限公司永安分公司与福建某某房地产开发有限公司物业服务合同纠纷案

案号：（2023）闽 04 民终 1119 号

来源：中国裁判文书网

裁判要点

《物业管理条例》第十一条、第十二条规定要保护的是业主投票选举权，系基于基本权利保护的需要，应当认定侵害这些权利的合同是无效的，系违反法律及行政法规的强制性规定。本案中，在《福建省前期物业服务合同》约定的合同期限到期，某某业委会未召开业主大会，未经某某小区专有部分占建筑物过半数的业主且占总人数过半数的业主同意，自行签订案涉《物业服务合同》及《补充协议》，违反了法律及行政法规的强制性规定，一审法院依法认定案涉《物业服务合同》及《补充协议》为无效合同，并无不当。

2. 张某、张某玲诉合肥市包河区人民政府行政许可案

案号：（2023）皖行终 357 号

来源：人民法院案例库 2023-12-3-004-007

裁判要点

（1）对于加装电梯行政审批案件缺乏法律、行政法规或规章等统一、明确规定时，地方政府结合地方的具体实际情况，依法制定的规章以下规范性文件，人民法院经审查认为合法、有效且合理、适当的，应当承认其效力，并作为判断加装电梯行政审批行为是否合法的依据。

（2）加装电梯所在小区全体业主、业主委员会及业主大会不起诉时，专有部分占建筑物总面积过半数或者总户数过半数的业主认为加装电梯行政审批行为侵犯其合法权益的，对该审批行为可以提起诉讼。

第十二条 【业主大会会议的召开方式及决定】

业主大会会议可以采用集体讨论的形式，也可以采用书面征求意见的形式；但是，应当有物业管理区域内专有部分占建筑物总面积过半数的业主且占总人数过半数的业主参加。

业主可以委托代理人参加业主大会会议。

业主大会决定本条例第十一条第（五）项和第（六）项规定的事项，应当经专有部分占建筑物总面积2/3以上的业主且占总人数2/3以上的业主同意；决定本条例第十一条规定的其他事项，应当经专有部分占建筑物总面积过半数的业主且占总人数过半数的业主同意。

业主大会或者业主委员会的决定，对业主具有约束力。

业主大会或者业主委员会作出的决定侵害业主合法权益的，受侵害的业主可以请求人民法院予以撤销。

召开业主大会时，业主应当亲自出席并参与物业管理有关事项的决议。但是，如果业主无法亲自参与业主团体会议的，也可以委托他人（包括同住人或之外的人）参加，并且还可以将自己的表决权书面委托其行使。

专有部分面积，按照不动产登记簿记载的面积计算；尚未进行登记的，暂按测绘机构的实测面积计算；尚未进行实测的，暂按房屋买卖合同记载的面积计算。

业主人数，按照专有部分的数量计算，一个专有部分按一人计算。建设单位尚未出售和虽已出售但尚未交付的部分，以及同一买受人拥有一个以上专有部分的，按一人计算。

要点注释

《民法典》第二百七十八条第二款规定：“业主共同决定事项，应当由专有部分面积占比三分之二以上的业主且人数占比三分之二以上的业主参与表决。决定前款第六项至第八项规定的事项，应当经参与表决专有部分面积四分之三以上的业主且参与表决人数四分之三以上的业主同意。决定前款其他事项，应当经参与表决专有部分面积过半数的业主且参与表决人数过半数的业主同意。”也即，和本条规定的“经专有部分占建筑物总面积三分之二以上的业主且占人数三分之二以上的业主同意”不同，《民法典》把这一比例变更为了四分之三，提请读者注意。

思维导图

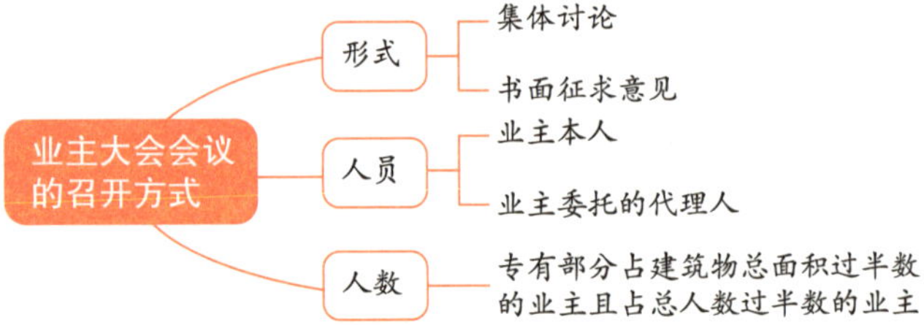

关联规定

《民法典》

第二百七十八条、第二百八十条

《业主大会和业主委员会指导规则》

第二十二条

案例精析

某业主委员会与代某、李某等业主撤销权纠纷案

案号：（2024）鄂13民终272号

来源：中国裁判文书网

裁判要点

一审法院认为，某小区成立第二届业委会，某委会应就换届选举以及业主委员会的成立是否合法提供充足的证据予以证明。成立业主委员会应当由业主共同决定，召开业主大会，由专有部分面积占比三分之二以上业主且人数占比三分之二以上的业主参与表决，并由经参与表决专有部分面积超过半数的业主且参与表决人数过半数的业主同意，且召开业主大会应当在召开15日以前通知全体业主。房屋的所有权人为业主，被选举为业委会成员的前提条件是被选举人应当系小区业主。某委会未能提供充足的证据证明召开业主大会已完成公告程序、表决人数达到法定条件、业委会成员符合被选举资格，应承担举证不能的法律后果。故某业主大会作出的某委会换届选举结果的决定，以及徐某等五人当选某小区第二届业主委员会成员的决定不符合法律规定，应予以撤销。

二审法院驳回上诉，维持原判。某委会虽提交了《业委会重组业主签署表》、《业主代表会议签到表》、现场选举照片等证据，但相关表格系余某等自制，签署真实性难以确认，且某小区共有住户956户，某委会自认通过先后组织百十人开会，层层推选确定业委会人选，其中有部分人员不是小区业主，业主大会参会人员资格、参会人数、表决人数等明显不符合法律规定，故某业主大会作出的业委会换届选举结果的决定、徐某等五人当选某小区第二届业主委员会成员的决定应当予以撤销。基于小区管理的实际需要，后续可依法再行组织选举。

第十三条　【业主大会的会议类型及其启动方式】

业主大会会议分为定期会议和临时会议。

业主大会定期会议应当按照业主大会议事规则的规定召开。经 20% 以上的业主提议，业主委员会应当组织召开业主大会临时会议。

根据《业主大会和业主委员会指导规则》第二十一条的规定，只有在三类法定情形下，才能召开业主大会临时会议：（1）经专有部分占建筑物总面积百分之二十以上且占总人数百分之二十以上业主提议的；（2）发生重大事故或者紧急事件需要及时处理的；（3）业主大会议事规则或者管理规约规定的其他情况。

要点注释

定期会议可以称为例会，指应当按照业主大会会议议事规则的规定定期召开。经业主大会选举产生业主委员会后，由业主委员会负责召集业主大会，根据管理规约的规定，每年召开一次或几次。业主大会临时会议的召开，也应由业主委员会组织，于会议召开前十五日通知全体业主。

思维导图

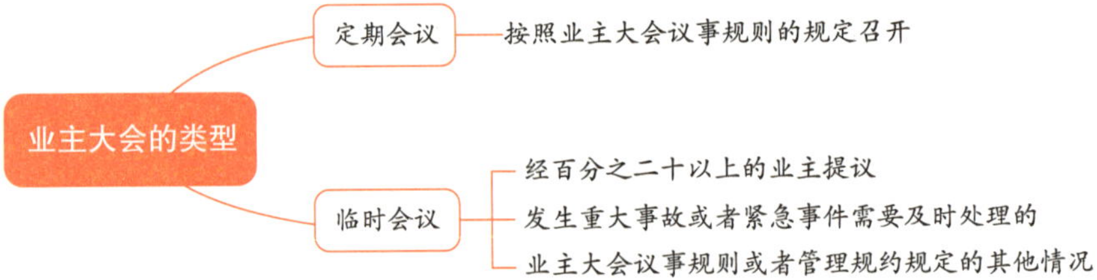

关联规定

《业主大会和业主委员会指导规则》

第二十一条

案例精析

某街道办事处与某小区业主委员会备案变更职责案

案号：（2019）京01行终821号

来源：中国裁判文书网

裁判要点

根据《物业管理条例》第十三条规定，临时会议属于业主大会会议的形式之一。经百分之二十以上的业主提议，业主委员会应当组织召开业主大会临时会议。本案中，某小区申请召开业主大会临时会议的业主人数超过小区业主人数的百分之二十，上述业主人数对应的专有面积亦超过建筑物总面积的百分之二十。业主委员会即应组织召开业主大会临时会议。《小区议事规则》第九条第二款明确规定，此种情况下，业主委员会应当召开业主大会临时会议。业主委员会仅有召开业主大会临时会议的职责，而无权在此时讨论是否召开业主大会临时会议。故业主委员会委员对召开业主大会临时会议存在不一致意见不能构成阻却应当召开业主大会临时会议的事由，更不能构成否认经百分之二十以上的业主提议而召开业主大会临时会议合法性的事由。

针对超过百分之二十业主于2015年5月26日提出的召开业主大会临时会议的申请，某街道办事处在同年6月15日作出《建议函》，建议某小区业委会“自2015年6月7日起计算，在45天内组织召开某小区业主大会临时会议”，可见该申请已经某街道办事处核查通过。某街道办事处应当协助业主组织召开业主大会临时会议并对相关事宜进行表决。

第十四条 【业主大会会议的通知及记录】

召开业主大会会议，应当于会议召开 15 日以前通知全体业主。

住宅小区的业主大会会议，应当同时告知相关的居民委员会。

业主委员会应当做好业主大会会议记录。

通知的形式一般是在物业管理小区内公告或者将会议通知等材料送达全体业主，包含会议时间、地点、内容、议决事项等重要事项。

根据《城市居民委员会组织法》的规定，居委会的职责包含对社区的管理，所以业主大会应及时通知居委会，便于其对业主大会的相关工作进行指导和监督。

业主大会会议记录由业主委员会负责，对于大会召开过程和业主发表的意见应当以书面形式作翔实的记录，成为业主大会开展工作的重要档案资料，也便于业主对业主大会的监督。

要点注释

业主大会议题公示阶段未公示，或公示时间不满足要求的，该议题表决并通过后业主有权申请撤销。业主委员会不仅应当公示业主大会会议的议题，还应当将议题的具体内容进行公示，以保障业主的知情权。

思维导图

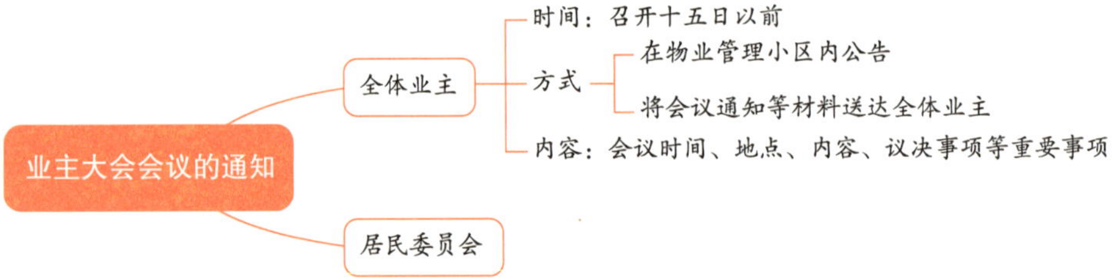

关联规定

《城市居民委员会组织法》

第二条至第三条

《业主大会和业主委员会指导规则》

第三十条

案例精析

某物业公司与某业主委员会确认合同有效纠纷案

案号：（2023）辽03民终3975号

来源：中国裁判文书网

裁判要点

关于争议焦点二，被上诉人某业主委员会召开业主大会程序是否符合法律规定。经查，被上诉人某业主委员会于2021年12月21日在案涉小区内张贴《召开业主大会通知》和在“某业主……”微信群发出召开业主大会的通知，根据被上诉人某业主委员会提供的照片及通话录音可以证实，被上诉人某业主委员会采取逐户走访、小区楼下设立征求意见点及信息化方式征求意见等形式，收集全体业主就解除与上诉人某物业公司物业服务合同的意见。另外，某住房和城乡建设局于2022年3月17日作出的《关于要求某物业公司撤出某小区的告知函》，函告“某物业在某小区的物业服务合同已由某业主委员会召开大会研讨解聘并已提前告知”。同时，某区人民政府某街道办事处于2022年6月21日出具的《关于某业主委员会解除某物业公司物业服务合同的情况说明》记载：“某业主委员会根据《辽宁省物业管理条例》相关规定，按照法定人数，法定程序解除了某物业公司物业服务合同”“某业主委员会也于解除某物业合同之前，提前60日通知了鞍山市某物业服务有限公司”，综上，被上诉人某业主委员会召开解聘上诉人某物业公司的物业服务合同的业主大会程序符合法律规定，对上诉人某物业公司的该项上诉主张，本院不予支持。

第十五条　【业主委员会的性质和职责】

业主委员会执行业主大会的决定事项，履行下列职责：

（一）召集业主大会会议，报告物业管理的实施情况；

（二）代表业主与业主大会选聘的物业服务企业签订物业服务合同；

（三）及时了解业主、物业使用人的意见和建议，监督和协助物业服务企业履行物业服务合同；

（四）监督管理规约的实施；

（五）业主大会赋予的其他职责。

业主委员会是业主大会的执行机构。它是经业主大会选举产生并经房地产行政主管部门登记，在物业管理活动中代表和维护全体业主合法权益的组织。业主委员会是一个物业管理区域中长期存在的、代表业主行使业主自治管理权的机构，是业主自我管理、自我教育、自我服务，实行业主集体事务民主制度，办理本辖区涉及物业管理的公共事务和公益事业的社会性自治组织。

要点注释

业主委员会是业主大会的执行机构，根据业主大会的授权对外代表业主进行民事活动，所产生的法律后果由全体业主承担。业主委员会与他人发生民事争议的，可以作为被告参加诉讼。

同时，根据《民法典》和《物业管理条例》的有关规定，业主委员会的诉讼权利能力只限于业主大会有权决定的事项范围，即有关业主共有和物业共同管理的事项，而业主与开发商之间的合同纠纷并不属于该类事项的范围。

另外，根据合同的相对性原则，业主才是商品房销售合同的权利义务主体，才是与案件有直接利害关系的人，业主委员会与该合同并无直接利害关系。因此，业主委员会无权基于业主与开发商之间的商品房销售合同而向法院提起违约之诉。

思维导图

业主委员会的职责

- （1）召集业主大会会议，报告物业管理的实施情况
- （2）代表业主与业主大会选聘的物业服务企业签订物业服务合同
- （3）及时了解业主、物业使用人的意见和建议，监督和协助物业服务企业履行物业服务合同
- （4）监督管理规约的实施
- （5）业主大会赋予的其他职责

关联规定

《业主大会和业主委员会指导规则》

第三十五条

案例精析

某小区业主委员会诉某房地产开发公司、某建筑公司房屋买卖合同纠纷案

案号：（2021）最高法民再 344 号

来源：中国裁判文书网

裁判要点

业主委员会根据业主大会的授权对外代表业主进行民事活动，可以成为民事诉讼活动的主体。业主委员会符合“其他组织”条件，是业主大会决议的执行机构，根据业主大会的授权对外代表业主进行民事活动，对于业主共有事项和物业共同管理事项，可以自己名义提起诉讼。业主委员会诉讼请求涉及的配套设施未建设及退还前期物业费等问题，属于业主共有事项和物业共同管理事项，人民法院应予受理。业主委员会诉讼请求涉及的开发商履行商品房买卖合同约定的不动产权确权登记义务及承担逾期办证违约金等问题，属于业主专有事项，即使其具有业主大会的授权，人民法院亦不予受理。

第十六条 【业主委员会的登记备案制度及其成员资格】

业主委员会应当自选举产生之日起 30 日内，向物业所在地的区、县人民政府房地产行政主管部门和街道办事处、乡镇人民政府备案。

业主委员会委员应当由热心公益事业、责任心强、具有一定组织能力的业主担任。

业主委员会主任、副主任在业主委员会成员中推选产生。

有关政府部门办理业主委员会备案的行为，具有行政确认的性质，属于可诉行政行为。

要点注释

业主委员会作为业主团体的组织机构，是基于业主团体的意思自行设立的，则登记不应影响业主委员会的成立。登记仅仅是为了行业管理的需要所履行的备案手续。这里的登记应当与企业法人等一般民事主体的设立登记区别开来。一般民事主体必须经过登记才能成立，是为了保障交易安全的需要。业主委员会仅仅是代表业主团体对外实施与物业管理有关的行为，其最终责任是由业主承担的；如果需要业主承担民事责任，也无须通过登记来保障，因为业主有其不动产物业作为责任财产加以担保。因此，登记不是业主委员会的成立要件。业主委员会进行登记是为了接受房地产行政主管部门的监督、指导和管理。虽然不属于行政审批，但如果不办理业主委员会备案，业主委员会就无法刻制印章，对外就无法以业主委员会的名义开展相关活动。

思维导图

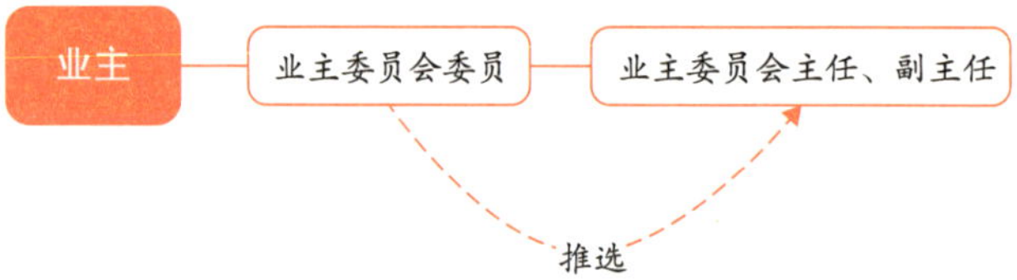

关联规定

《业主大会和业主委员会指导规则》
第三十一条、第四十四条

案例精析

某街道办事处、某业主委员会确认公告内容无效案

案号：（2024）青 01 行终 11 号
来源：中国裁判文书网

裁判要点

本案中，某小区已于 2015 年 1 月 31 日召开小区业主大会，通过选举成立了业主委员会，并向原所在辖区某街道办事处提交了《关于成立某业主委员会的报告》，经审核，该街道办事处于 2015 年 2 月 3 日作出 18 号文件，已“同意某业主委员会备案登记”，此时某小区业主委员会已依法成立，某业主委员会提交的印章备案资料查询证明证实，2015 年 2 月 5 日某街道办事处向公安局对“某某组织”的印章进行了备案，查询印章编码为 630××××，故应当证明某业主委员会领有印章后，代表某业主委员会民事主体资格的业主委员会印章至 2023 年 1 月 19 日被查询时仍未被撤销。同时（2017）行初 25 号判决书中亦认为“对备案行为性质的认定……某街道办事处对某业主委员会的行政备案行为就是行政主体就该业主委员会依法成立这一事实给予确认的行为……”因此，在未经法定程序撤销的情况下，该小区业主委员会作为业主自治组织和其诉讼主体资格就一直存在。事实亦证明，截至目前，某业主委员会同样一直按其民事主体资格参与相应民事诉讼活动，享有民事权利。因此某街道办事处不能仅因业主委员会该届委员未经业主大会选举和备案，就认定 2018 年 2 月 4 日以后某小区不存在业主委员会，并作出相关内容的公告在该小区内进行张贴。故某业主委员会请求确认某街道办事处张贴的公告内容无效的诉讼请求予以支持。

在未经法定程序撤销，并经备案由公安机关依法处置印章予以撤销的情况下，业主委员会作为业主自治组织一直存在，其诉讼主体资格亦存在。另外，业主委员会的换届选举和换届备案，只涉及业主委员会组成人员的变动和由谁代表业主委员会履行职责的问题，不影响和改变已依法成立的业主委员会主体资格。具体到本案，原某业主委员会经备案登记，并领取“某某组织”的印章，印章由新一届某业主委员会承继。此外，在未经法定程序撤销的情况下，某业主委员会作为业主自治组织其诉讼主体资格一直存续，且其诉讼主体资格不以备案登记为前提条件。

第十七条 【管理规约】

管理规约应当对有关物业的使用、维护、管理，业主的共同利益，业主应当履行的义务，违反管理规约应当承担的责任等事项依法作出约定。

管理规约应当尊重社会公德，不得违反法律、法规或者损害社会公共利益。

管理规约对全体业主具有约束力。

管理规约是业主自我管理、自我约束、自我规范的规则约定，规定建筑区划内有关建筑物及其附属设施的使用、维护、管理等事项，是业主对建筑物及其附属设施的一些重大事务的共同约定。

例如，擅自拆改房屋结构、外貌、设计用途、功能和布局，对房屋的内外承重墙、梁、柱、板、阳台进行违章凿、拆、搭，对外墙立面添装防护栏、网和晒衣架，损坏、拆除或者改造供水、供电、供气、供暖、通信、排水排污公用设施等。

《业主大会和业主委员会指导规则》第十八条规定，管理规约应当对下列主要事项作出规定：（1）物业的使用、维护、管理；（2）专项维修资金的筹集、管理和使用；（3）物业共用部分的经营与收益分配；（4）业主共同利益的维护；（5）业主共同管理权的行使；（6）业主应尽的义务；（7）违反管理规约应当承担的责任。

要点注释

管理规约涉及每个业主的切身利益，对全体业主具有约束力，属于有关共有和共同管理权利的重大事项，应当由业主共同制定和修改。管理规约属于业主大会的一般决定，其通过和修改适用“普通多数同意方式”，即经物业管理区域内专有部分占建筑物总面积过半数的业主且占总人数过半的业主同意即可。

业主违反规约，须承担约定的违约责任。承担违约责任的方式，有停止侵害、排除妨碍、赔偿损失等法定方式；管理规约也可以另行设定承担责任的方式。值得注意的是，我国法律规定，只有法律明确授权的国家机关才享有处罚权，才能对某些违法行为处以罚款。所以，管理规约对业主的违约行为不得设定罚款，但可以通过约定交纳保证金、违约金方式，当业主有违约行为时，从中予以扣除。对业主违反规约的行为，相关业主、使用人、业主委员会或物业服务企业有权加以劝止，必要时可以向人民法院提起民事诉讼。

思维导图

关联规定

《民法典》

第二百八十六条

《业主大会和业主委员会指导规则》

第十八条

案例精析

某物业公司分公司与周某物业服务合同纠纷案

案号：（2023）湘10民终389号

来源：中国裁判文书网

裁判要点

周某抗辩中所提小区物业管理问题属于小区业主管理规约应明确的事项。根据《物业管理条例》第十七条的规定，小区业主可依法成立小区业主委员会，周某作为小区业主，可就本小区有关管理问题向小区业主委员会提出，以制定出对全体业主具有约束力的业主管理规约，完善小区管理制度，改善小区居住环境。周某抗辩中认为小区物业管理存在问题，但不能作为单个业主不按照合同约定履行交纳物业费用的理由，以此作为不交纳物业费的抗辩并无法律依据，故对该项抗辩不予采纳。

第十八条 【业主大会议事规则】

业主大会议事规则应当就业主大会的议事方式、表决程序、业主委员会的组成和成员任期等事项作出约定。

业主大会议事规则是业主大会组织、运作的规程，是对业主大会宗旨、组织体制、活动方式、成员的权利义务等内容进行记载的业主自律性文件。

要点注释

业主大会通过业主大会议事规则建立大会的正常秩序，保证大会内业主集体意志和行为的统一。制定和修改业主大会议事规则属于有关共有和共同管理权利的重大事项，需要由业主共同决定。

关联规定

《业主大会和业主委员会指导规则》

第十九条

思维导图

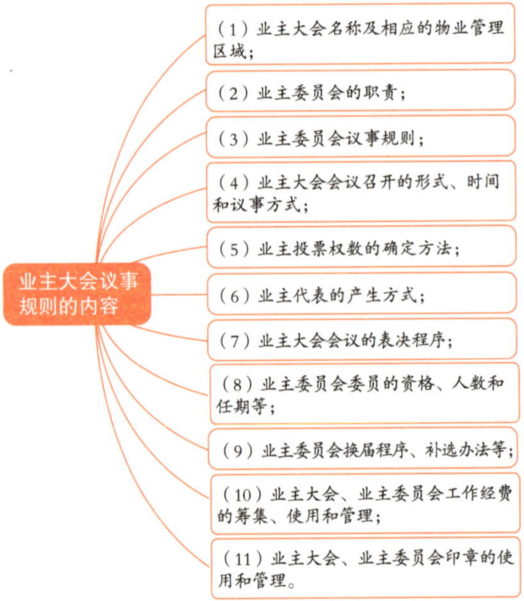

案例精析

1. 程某、某商业管理公司与某开发公司、某商业公司业主知情权纠纷案

案号：（2023）辽01民终8532号

来源：中国裁判文书网

裁判要点

就法律性质而言，管理规约属于共同法律行为，是全体业主订立的关于建筑区划内事务的自治规则。管理规约既然是民事法律行为，则有关民事法律行为效力评判规则自然存在适用余地，即该规约不得违反法律、法规强制性规定，不得损害社会公共利益，否则无效。议事规则是有关业主大会制度中的程序性规定，是从程序上对业主大会议事进行规范的规则。管理规约以及业主大会议事规则通常由业主委员会保管。由于管理规约以及业主大会议事规则与业主行使权利密切相关，因此业主的知情权范围自然应该涵盖二者。对于业主查阅管理规约以及业主大会议事规则的请求，业主委员会非有正当理由不得拒绝。此外，业主大会或者业主委员会所作决定均应对业主公开，并且在对有关事项进行讨论和表决过程中均有会议记录。因此，业主的知情权范围亦应包括业主大会或者业主委员会所作决定以及会议记录。

2. 颜某某等五人诉石狮市住房和城乡建设局行政登记案

案号：（2020）闽0504行初144号

来源：人民法院案例库 2024-12-3-006-002

裁判要点

（1）业主委员会的选举产生涉及的是全体业主的共有利益，而非单个、少数业主的私人权益。从功能设置上看，法律设立业主委员会的初衷，就是让业主的利益最大限度地获得保障。

（2）行政机关对业主委员会的备案行为适用形式审查。从性质上分析，业主委员会备案是行政机关对业主委员会依法成立、具备主体资格等事实给予认可、证明的行政行为，属于行政确认。鉴于备案制度设置目的在于通过备案使业主委员会取得合法身份，而非用于限制备案事项法律效力的发生，在法律未规定需进行实质审查的情况下，政府相关部门对于业主委员会申请的备案事项，只对是否具备形式材料进行书面审查，至于选举情况等材料是否真实则由申请人负责。

（3）业主对于业主委员会备案行为享有的诉权实质为集体诉权。根据《最高人民法院关于适用〈中华人民共和国行政诉讼法〉的解释》第十八条对业主的诉权有数量上的限制，原因在于：一是业主享有的诉权，应该滞后于业主委员会的诉权；二是业主的诉权是集体诉权，即不是每个业主都享有，而是达到一定比例的业主方可提起诉讼。依此，就业主委员会备案行为而言，在业主委员会不起诉情况下，必须超过特定比例的业主们才具有原告资格。

第十九条 【业主大会、业主委员会的职责限制】

业主大会、业主委员会应当依法履行职责，不得作出与物业管理无关的决定，不得从事与物业管理无关的活动。

业主大会、业主委员会作出的决定违反法律、法规的，物业所在地的区、县人民政府房地产行政主管部门或者街道办事处、乡镇人民政府，应当责令限期改正或者撤销其决定，并通告全体业主。

例如，业主委员会不能进行经营行为。

首先，业主委员会作为小区业主的自治组织，没有任何营业执照或其他准予营业的证照，只需在成立后向房地产行政主管部门履行备案手续，因此不具备经营资格。其次，业主委员会本身没有可供开展经营活动的足够资金来源和场所，且业主委员会委员本身也并不是专职人员，在社会上往往还承担着其他领域的工作，担负着其他职责，因此不具备经营条件。最后，业主委员会是业主大会的执行机构，其性质是公益组织，而一旦发生经营行为，在没有有效监督的情况下，经济的营利性必然与业主委员会的公益性相冲突，从而使业主委员会的性质很难获得保证。

要点注释

业主大会是由全体业主组成的维护物业区域内的全体业主的公共利益、行使业主的资质管理权限的组织。而业主委员会依照《物业管理条例》的规定是业主大会的执行机构，因此二者的职责都是围绕着物业管理展开的。业主大会和业主委员会应依法履行一定的职责，但是其履行职责时必须遵守法律法规的规定，必须在法定的职责内从事活动，不得滥用其权利。业主大会和业主委员会行使权利的范围和对象仅限于物业管理区域并就物业管理有关的事项代表全体业主行使权利。

思维导图

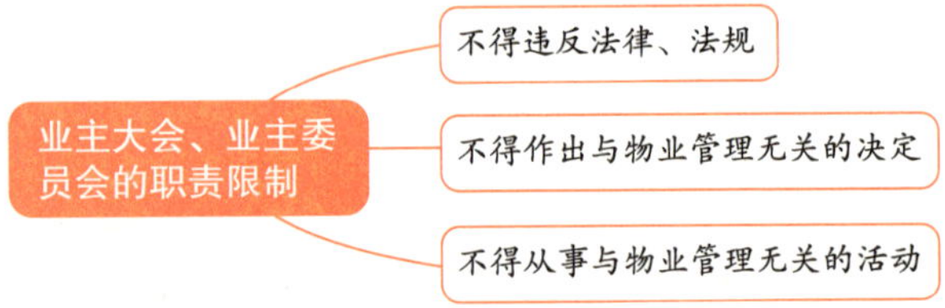

关联规定

《业主大会和业主委员会指导规则》

第五十九条

案例精析

井研县某某小区业主委员会诉井研县人民政府研城街道办事处行政登记案

案号：（2022）川 11 行终 5 号

来源：人民法院案例库 2024-12-006-001

裁判要点

对业委会的备案行为以及撤销备案行为对业主权利义务产生影响属于可诉的行政行为。业主委员会备案行为是否成立涉及是否可以刻制印章开展活动，属可诉的行政行为。

在法律规范没有规定专门的纠错主体和程序时，基于职权法定和依法行政原则，业委会备案登记机关对于违法的登记行为可以自我纠错，但应当遵循正当程序，听取当事人意见，保障当事人申辩等权利。

第二十条 【业主大会、业主委员会与相关单位的关系】

业主大会、业主委员会应当配合公安机关，与居民委员会相互协作，共同做好维护物业管理区域内的社会治安等相关工作。

在物业管理区域内，业主大会、业主委员会应当积极配合相关居民委员会依法履行自治管理职责，支持居民委员会开展工作，并接受其指导和监督。

住宅小区的业主大会、业主委员会作出的决定，应当告知相关的居民委员会，并认真听取居民委员会的建议。

要点注释

居民委员会的主要职责在于完成相关的政府工作事项。因而居民委员会主要是居民自我组织起来对于公共事务进行管理的组织。居民委员会的合法性来源于作为政治权利拥有者的居民的选举。

业主大会与业主委员会事实上是财产权人行使自己财产权的组织。换言之，业主大会与业主委员会所负责的事项在于如何行使业主的财产权，业主大会与业主委员会的合法性来源于作为所有权人的业主。

业主大会、业主委员会与居民委员会各自所行使的职责有着本质上的区别，因为其权利来源存在重大差别，前者强调其行使私人财产权的属性，而后者则是实现政治民主权利的结果。所以不可将二者混为一谈。

思维导图

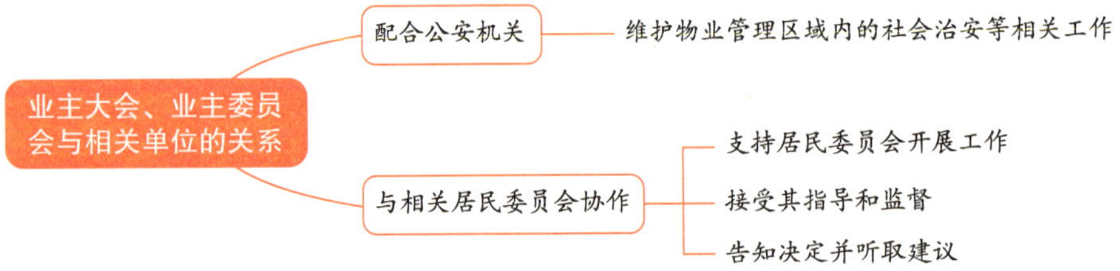

关联规定

《城市居民委员会组织法》

第三条

《业主大会和业主委员会指导规则》

第四章

案例精析

1. 某业主委员会与李某业主撤销权纠纷案

案号：（2023）京 01 民终 9464 号

来源：中国裁判文书网

裁判要点

业主大会或者业主委员会作出的决定侵害业主合法权益的，受侵害的业主可以请求人民法院予以撤销。本案中，某业主委员会于 2019 年 7 月 3 日发布的《关于 2019 年业主大会定期会议增加表决议案的公告》增加了选聘物业服务企业的表决事项，但是，某业主委员会未依《物业管理条例》的规定将增加的表决事项告知相关居委会，未接受相关居委会的指导和监督，违反了《物业管理条例》和《某小区业主大会议事规则》规定的业主大会召开和表决程序，侵害了业主合法权益。一审法院据此撤销诉争业主大会决议，并无不当。

2. 简某等诉上海某物业公司排除妨害纠纷案

案号：（2013）沪二中民二（民）终字第 2090 号

来源：人民法院案例库 2023-10-2-039-001

裁判要点

在业主和物业公司就商场外立面利用问题产生的纠纷中，商铺业主的透明橱窗属于建筑物的外立面。一般而言，建筑物的外立面应属全体业主共有，物业公司利用共有部位张贴商业广告应遵循法定程序，在缺少必要议事程序的情况下不得视为业主同意，物业公司覆盖商业广告的行为不合法。同时，侵害业主共有权与欠付维修基金分属不同法律层面，商业广告收益用作维修基金亦不能构成物业公司违法行为的阻却事由，物业公司应当排除妨害。

第三章　前期物业管理

第二十一条 【前期物业服务合同】

在业主、业主大会选聘物业服务企业之前，建设单位选聘物业服务企业的，应当签订书面的前期物业服务合同。

根据《民法典》第九百三十七条第二款的规定，物业服务人包括物业服务企业和其他物业管理人。物业服务事关全体业主的人身、财产安全，同时，有的物业服务活动具有较高的专业性、技术性要求，如小区公共设施的检修、保养与维护等，这对物业服务人提出了一定的要求。作为物业服务合同一方当事人的物业服务人一般是专门从事物业服务经营活动的物业服务企业。

前期物业管理，是指业主、业主大会选聘物业服务企业之前所实施的物业管理。前期物业服务合同，是指在物业服务区域内的业主、业主大会选聘物业服务人之前，由房地产建设单位与物业服务人签订的、由物业服务人提供物业服务的合同。

要点注释

前期物业管理的主要内容包括：（1）建立与业主、物业使用人的联络关系。即听取业主、物业使用人对物业管理的要求和希望，了解业主、物业使用人对物业使用的有关安排与打算，参与销售部门同业主、物业使用人签约。（2）设计管理模式，草拟物业管理制度。包括与房地产开发企业一起草拟物业管理区域的规章制度、业主大会议事规则、临时管理规约等；设置物业管理区域内的组织机构，规定各部门人员岗位责任制度，编制住户手册、物业管理区域的综合管理办法等。制订上岗人员的培训计划并加以实施。（3）建立服务系统和服务网络。包括保安、清洁、养护、维修、绿化队伍的设立或者选聘、洽谈和订立合同；同街道、公安、交通、环保、卫生、市政、园林、教育、公用事业及商业等部门进行联络、沟通；代办服务项目网络。（4）办理移交承接事项。即拟定移交物业承接办法、筹备成立业主大会、协助办理移交物业承接事宜。此外，前期物业服务协议的主要内容还包括物业接管前的验收、开发商的保修责任、前期物业服务的费用承担等。

前期物业服务合同约定的服务期限届满后，如果双方当事人没有订立新的物业服务合同或者通过约定延长物业服务合同的服务期限，则前期物业服务合同终止，物业服务人应当退出物业服务区域，并和新的物业服务人或者决定自行管理的业主进行交接。

建设单位依法与物业服务企业签订的前期物业服务合同对业主具有约束力。业主以其并非合同当事人为由提出抗辩的，人民法院不予支持。

关联规定

《前期物业管理招标投标管理暂行办法》
第二条

案例精析

某管理公司与李某物业服务合同纠纷案

案号：（2024）黔0203民初1163号
来源：中国裁判文书网

裁判要点

建设单位依法与物业服务企业签订的前期物业服务合同，以及业主委员会与业主大会依法选聘的物业服务企业签订的物业服务合同，对业主具有约束力。被告辩称其并未与原告签订合同，故原告提供的物业服务合同对其不具有约束力。本院认为，物业管理涉及群众的日常生活及城市的正常秩序，各级政府行政机关有必要亦有权介入，进行指导和监督物业管理活动。案涉小区未召开业主大会并成立业主委员会，未达到依法选聘的物业服务企业的前置条件，某乙物业服务公司已经撤出小区，在小区业主无法达成共识的情况下，小区无人服务管理，将会严重影响小区业主的日常生活和整个城市的社会秩序，故在平某社区的介入下，由某管理公司与原告签订前期物业服务合同，由原告为案涉小区提供物业管理符合相关规定，亦合乎情理。被告作为小区的业主，其虽未直接与原告签订物业服务合同，但实际享受了原告提供的物业服务，应受合同约束，应按合同约定向原告交纳物业服务费2613.36元。

第二十二条 【临时管理规约】

建设单位应当在销售物业之前，制定临时管理规约，对有关物业的使用、维护、管理，业主的共同利益，业主应当履行的义务，违反临时管理规约应当承担的责任等事项依法作出约定。

建设单位制定的临时管理规约，不得侵害物业买受人的合法权益。

临时管理规约是业主大会制定管理规约前的版本。临时管理规约虽然是临时的，但只是针对它的时间效力而言，事实上就其内容所包含的事项而言，临时管理规约与正式的管理规约并没有本质上的差异。

要点注释

原建设部于2004年9月6日颁发了《业主临时公约（示范文本）》，既是帮助开发商也是监督开发商为将来的物业管理活动建立起一个法制体系。其最终目的是维护全体业主生活的安定和财产的价值。

临时管理规约也可以在房屋销售并交付使用后，经业主大会决议修改成为管理规约。

思维导图

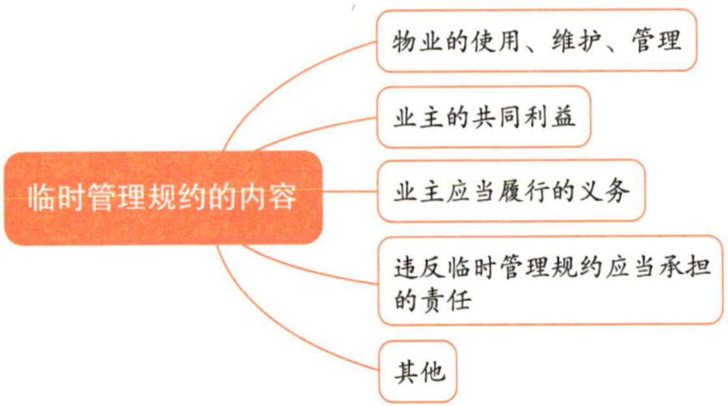

关联规定

《业主临时公约（示范文本）》

案例精析

1. 某社区居民委员会、某公司等合同纠纷案

案号：（2021）鄂13民终852号

来源：中国裁判文书网

裁判要点

案涉某小区性质上虽系还建房，其与商品房的区别仅在与业主取得房屋产权的方式不同，在物业管理方面并无区别，同应适用相关法律法规，《物业管理条例》第二十一条、第二十二条规定："在业主、业主大会选聘物业服务企业之前，建设单位选聘物业服务企业的，应当签订书面的前期物业服务合同""建设单位应当在销售物业之前，制定临时管理规约……"可见，建设单位系前期物业服务的责任人，前期物业服务合同的法定主体是建设单位和中标的物业服务企业，故上诉人发展实业公司应系签订案涉前期物业服务合同的法定主体和相关责任方，原审据此认定该公司对案涉物业费承担清偿责任并无不当。

2. 王某浩挪用资金案

案号：（2018）粤 03 刑终 2326 号

来源：人民法院案例库 2023-03-1-227-001

裁判要点

业主委员会可以认定为《刑法》中的"其他单位"。业主委员会账户内资金属于挪用资金罪中"本单位资金"。行为人利用职务上的便利，挪用业主委员会账户内资金进行营利活动，同时借贷给他人、超过三个月未还的行为具有明显的社会危害性，符合挪用资金罪的构成要件。

3. 陆某等强迫交易案

案号：（2022）苏 13 刑终 141 号

来源：人民法院案例库 2023-03-1-170-002

裁判要点

物业工作人员滥用物业管理权，利用管理小区的便利，违背他人意志，采取暴力、威胁手段，强迫他人购买或接受与其合谋的第三人的装修商品或服务，以谋取个人利益，构成强迫交易罪。

物业工作人员滥用物业管理权，与第三人合谋，对从该第三人处购买装修建材或服务的业主采取较为宽松的管理方式，对未在该第三人处购买装修建材或服务的业主采取非常严格的管理方式，使得在第三人处购买商品和服务与在他人处购买所遭受的物业管理存在巨大差距；同时，物业工作人员及第三人采取手段制止业主装修，尽管这些手段没有危及业主生命健康，但具有强制性和暴力性。上述情形足以使业主产生恐惧心理从而选择与其进行交易，物业工作人员的行为已超出物业管理权限，达到"暴力、威胁"程度并对业主形成强制心理作用，属强迫交易行为。

第二十三条　【关于对临时管理规约的说明义务以及承诺遵守的义务】

建设单位应当在物业销售前将临时管理规约向物业买受人明示，并予以说明。

物业买受人在与建设单位签订物业买卖合同时，应当对遵守临时管理规约予以书面承诺。

要点注释

由于业主没有参与临时管理规约的制定，而又需要其承诺遵守临时管理规约，为了保护物业买受人的利益，避免日后纠纷，也是为了将来临时管理规约能够得到物业买受人的切实遵守，就应由建设单位作出一定的说明。建设单位的义务包括：（1）建设单位应当将临时管理规约向物业的买受人明示。也就是说建设单位应当让物业的买受人知晓临时管理规约的存在和内容。（2）建设单位应当向物业的买受人解释临时管理规约的具体内容。

思维导图

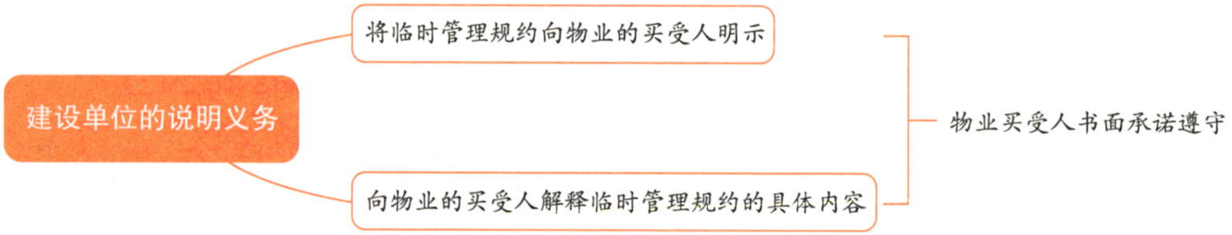

关联规定

《业主临时公约（示范文本）》

案例精析

刘某、某物业服务公司分公司等物业服务合同纠纷案

案号：（2022）鄂10民终1054号

来源：中国裁判文书网

裁判要点

上诉人要求公示建筑区划总平面图、配套设施和地下管网工程竣工验收资料、金某小区临时管理规约的诉请，本院认为，《物业管理条例》第二十九条第一款第一项规定："在办理物业承接验收手续时，建设单位应当向物业服务企业移交下列资料：（一）竣工总平面图，单体建筑、结构、设备竣工图，配套设施、地下管网工程竣工图等竣工验收资料"，第二十三条规定："建设单位应当在物业销售前将临时管理规约向物业买受人明示，并予以说明。物业买受人在与建设单位签订物业买卖合同时，应当对遵守临时管理规约予以书面承诺。"上诉人诉请公示的内容属于法律规定被上诉人应当掌握的情况和材料，应当向上诉人进行公示，如被上诉人确无上述材料，应当以情况说明的方式进行公示。

第二十四条 【前期物业管理招投标】

国家提倡建设单位按照房地产开发与物业管理相分离的原则，通过招投标的方式选聘物业服务企业。

住宅物业的建设单位，应当通过招投标的方式选聘物业服务企业；投标人少于3个或者住宅规模较小的，经物业所在地的区、县人民政府房地产行政主管部门批准，可以采用协议方式选聘物业服务企业。

前期物业管理招投标可以分为公开招标和邀请招标两种方式。招标人采取公开招标方式的，应当在公共媒介上发布招标公告，并同时在中国房地产信息网和中国物业管理协会网上发布免费招标公告。

要点注释

房地产开发与物业管理相分离，事实上就是要打破谁开发、谁管理的自建自管局面。这一原则的具体贯彻方式就是通过招投标的形式，引入竞争机制来选聘物业服务企业，实现优胜劣汰。具体而言，物业开发建设单位以物业管理权为标的，邀请若干个物业公司报价竞争，再由开发建设单位从中选择优胜的物业公司并与之签订物业服务合同。

物业管理招投标应当注意：（1）招标人在招投标前应依法向有关主管机构提交材料，办理相关手续。（2）招标人进行招投标可以公开招标，也可以邀请招标。但是其中采取邀请招标方式的，应保证程序的合法公平。（3）招标前应编制招标文件。招标文件中应包括招标人名称、地址、联系方式、项目基本情况、所要求的物业管理服务标准、物业服务收费标准以及对投标单位、投标书的要求、评标标准等内容。

（4）投标人应当按照招标文件的要求编制投标文件，并按照招标文件规定的时间将标书送到指定地点。如果招标文件要求必须交纳保证金的，应当依法交纳保证金。（5）评标委员会的确定及评标的方法和标准。评标委员会的组成以及评标方法、标准应当确保公正，达到优胜劣汰的目的。

思维导图

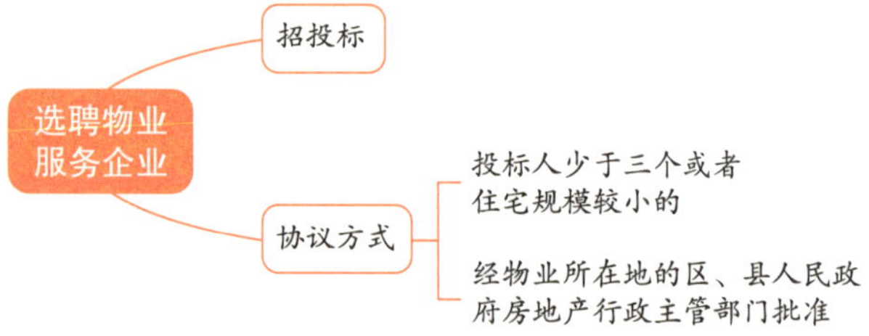

关联规定

《招标投标法》

第二条

《前期物业管理招标投标管理暂行办法》

第二十五条

案例精析

周某与某物业管理有限公司物业服务合同纠纷案

案号：（2024）辽 13 民终 275 号

来源：中国裁判文书网

裁判要点

关于上诉人提出的案涉《前期物业管理合同》未经招标程序签订应认定无效的上诉意见，上诉人抗辩案涉前期物业服务合同无效，与选聘和解聘物业服务企业具有类似法律后果，关系到物业服务秩序，涉及业主共同利益，属于有关共有和共同管理权利的重大事项，如果未经业主大会讨论即允许个别业主行使该项诉权，可能损害其他业主的权利，导致物业服务秩序混乱，这一事项应充分尊重业主自治，由业主依法共同决定。此外，《物业管理条例》第二十四条系对物业管理活动的规范，以便督促物业服务企业提高物业管理和服务水平，尽职地履行自己的职责。该规定规范的是交易方式而不是禁止非招投标行为本身，所涉事项亦不损害国家利益和社会公共利益，故上述规定均属于管理性强制性规定，而非效力性强制性规定，案涉《前期物业管理合同》即使未经过招投标方式签订亦不必然导致合同无效，对上诉人此点上诉意见本院不予支持。

第二十五条 【买卖合同内容包含前期物业服务合同内容】

建设单位与物业买受人签订的买卖合同应当包含前期物业服务合同约定的内容。

要点注释

本条是为了解决前期物业服务合同的权利义务不能约束物业服务企业与业主而带来的困扰，要求建设单位与物业买受人签订的买卖合同应当包含前期物业服务合同约定的内容。这样，物业的买卖合同就包括前期服务物业合同的内容，避免了物业管理服务的内容成为空缺，同时业主根据物业买卖合同，也可以享有物业服务的权利并应当根据物业服务的有关内容履行相关义务。

买受人在选聘前期物业服务企业时不享有表达自己意志的权利，但买卖合同的条款包含了前期物业服务合同的内容，买受人可以就合同的条款提出自己的意见。《物业管理条例》第二十一条规定："在业主、业主大会选聘物业服务企业之前，建设单位选聘物业服务企业的，应当签订书面的前期物业服务合同。"为了防止小区出现无人管理的现象，使住宅小区的居民生活、环境卫生等秩序得到有效维护，法律规定建设单位有选聘前期物业服务企业的权利。建设单位虽然不是最终的业主，但在开始出售房屋时，却是最大的业主。因此法律赋予建设单位选聘物业服务企业的权利是有依据的。前期物业服务合同虽然由建设单位与物业服务企业签订，但其服务的对象包括了入住业主，对业主具有约束力。业主以其并非合同当事人为由提出抗辩的，人民法院不予支持。在房屋买卖时，买卖双方应当就前期物业服务作出约定，商品房买卖合同应当包含前期物业服务合同的内容，或者要求房屋买受人与建设单位选聘的物业服务企业签订协议。买受人虽然在选聘前期物业服务企业时不享有表达自己意志的权利，但买受人可以就合同的条款提出自己的意见，如果协商不成，而且合同条款确有损害业主利益的内容，买受人可以向房地产主管部门和物价主管部门投诉，要求变更合同中的不合法条款。

思维导图

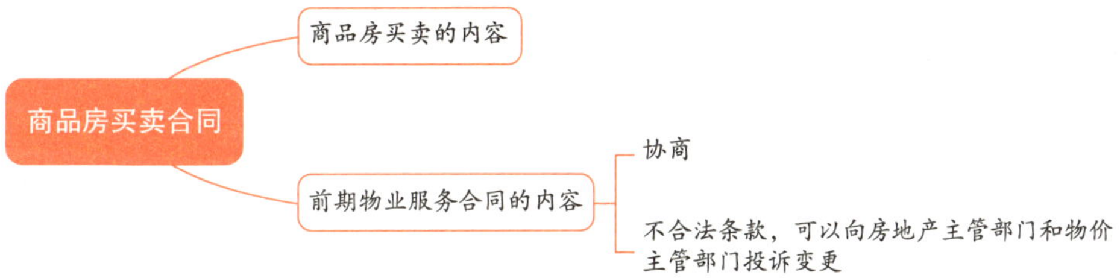

关联规定

《前期物业管理招标投标管理暂行办法》

第二条

案例精析

王某与某物业管理公司物业服务合同纠纷案

案号：（2023）豫 08 民终 2967 号

来源：中国裁判文书网

裁判要点

根据《物业管理条例》第二十五条规定，建设单位与物业买受人签订的买卖合同应当包含前期物业服务合同约定的内容。无论以何种方式签订前期物业服务合同，物业服务人均系建设单位选定，而非业主选定。故原告物业公司与鼎某公司签订的鼎某小区前期物业服务合同系双方真实意思表示，内容不违反法律和行政法规规定，合同合法有效。根据《民法典》第九百三十九条规定，建设单位依法与物业服务人订立的前期物业服务合同，以及业主委员会与业主大会依法选聘的物业服务人订立的物业服务合同，对业主具有法律约束力。故原告与建设单位签订的前期物业服务合同对所有业主具有法律约束力。原告已为涉案小区提供了物业管理服务，被告王某作为涉案小区的业主，并接受了物业服务，现被告王某提出的原被告之间并没有签订任何书面合同，并非合同当事人，对其没有约束力，缺乏法律依据，对该抗辩理由，不予支持。

第二十六条　【前期物业服务合同期限】

前期物业服务合同可以约定期限；但是，期限未满、业主委员会与物业服务企业签订的物业服务合同生效的，前期物业服务合同终止。

要点注释

前期物业服务合同可以约定期限，而正式的物业服务合同生效时，前期物业服务合同自然终止，这样就避免了两个物业服务合同发生冲突。

前期物业服务合同约定的服务期限届满后，如果双方当事人没有订立新的物业服务合同或者通过约定延长物业服务合同的服务期限，则前期物业服务合同终止，物业服务人应当退出物业服务区域，并和新的物业服务人或者决定自行管理的业主进行交接。

思维导图

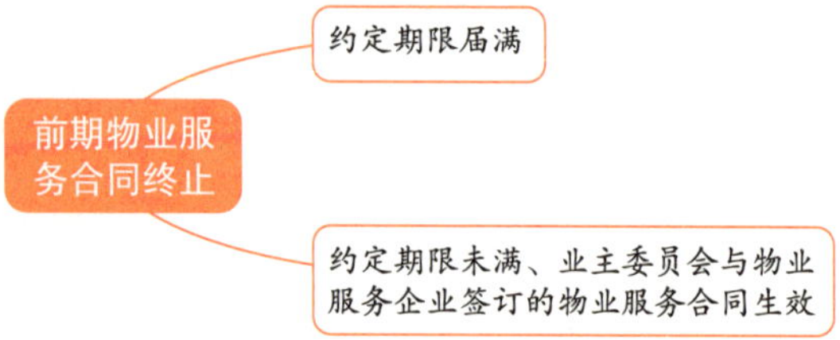

案例精析

某业主委员会诉某物业公司物业服务合同纠纷案

案号：（2018）豫09民终2021号

来源：中国裁判文书网

裁判要点

业主委员会有权解除前期物业服务合同。依照《物业管理条例》第二十六条的规定，在业主大会召开并选举业主委员后，若业主委员会已经另行选聘新的物业服务企业，前期物业服务合同权利义务终止；此处需要注意的是无论前期物业服务合同中是否约定服务期限，在前期物业服务企业提供物业服务过程中，若业主大会召开并成立业主委员会，业主委员会另行选聘新的物业服务企业的，前期物业服务合同权利义务均终止。这是因为随着小区建设完成，业主的不断入住，业主对于小区事务如何管理的需求不断增加，新的需求也不断出现，考虑到建设单位选聘的物业服务企业与这种不断增加的业主需求之间存在差距，应将选聘物业服务企业的权利交到业主手中，这也是小区业主行使小区事务自治权利的必然要求。

第二十七条 【建设单位不得擅自处分业主共有或者共用的物业】

业主依法享有的物业共用部位、共用设施设备的所有权或者使用权，建设单位不得擅自处分。

作广义的解释，既包括法律上处分，也包括事实上处分。法律上处分如转让所有权、设定用益物权或担保物权等，事实上处分包括拆毁等。

要点注释

物业的共用部位、共用设施设备的所有权或者使用权依法归属于业主享有的，只有业主可以决定如何使用和处分这些物业的共用部位和共用设施设备。建设单位不仅不得擅自处分，而且对于这些物业的共用部位、共用设施设备的使用，也不得擅自做主。

关联规定

《民法典》

第二百七十四条至第二百七十五条

《最高人民法院关于审理建筑物区分所有权纠纷案件适用法律若干问题的解释》

第三条、第十四条

案例精析

某小区业主委员会与物业公司、某幼儿园确认合同效力纠纷案

案号：（2016）苏民申1545号

来源：中国裁判文书网

裁判要点

《最高人民法院关于审理物业服务纠纷案件具体应用法律若干问题的解释》第一条规定，建设单位依法与物业服务企业签订的前期物业服务合同，以及业主委员会与业主大会依法选聘的物业服务企业签订的物业服务合同，对业主具有约束力。业主以其并非合同当事人为由提出抗辩的，人民法院不予支持。《物业管理条例》第二十一条规定，在业主、业主大会选聘物业服务企业之前，建设单位选聘物业服务企业的，应当签订书面的前期物业服务合同。

第二十八条 【共用物业的承接验收】

物业服务企业承接物业时，应当对物业共用部位、共用设施设备进行查验。

物业的承接验收，是物业服务企业承接房地产开发企业、公有房屋出售单位或者业主、业主委员会委托管理的新建房屋或者原有房屋时，以物业主体结构安全和满足使用功能为主要内容的再检验。

要点注释

物业服务企业承接物业时，应当与业主委员会办理物业验收手续，在完成承接验收后，物业就移交物业服务企业管理。从广义上说，物业服务企业的承接验收还包括对原有物业的承接验收。物业承接验收是物业服务企业承接物业时不可或缺的工作程序。

案例精析

某物业公司等与王某业主知情权纠纷案

案号：（2023）京 01 民终 9790 号

来源：中国裁判文书网

裁判要点

《物业管理条例》第二十八条规定，物业服务企业承接物业时，应当对物业共用部位、共用设施设备进行查验。《北京市物业管理条例》第二十条规定，建设单位与前期物业服务人应当在区住房和城乡建设或者房屋主管部门的指导、监督下，共同确认物业管理区域，对物业管理区域内的共用部位、共用设施设备进行查验，确认现场查验结果，形成查验记录，签订物业承接查验协议，并向业主公开查验的结果。王某作为涉案小区业主有权查阅、复制某物业公司、某物业公司分公司承接该小区物业项目时签订的物业承接查验协议和对该小区共用部位、共用设施设备的查验、交接资料，并要求查阅、复制《承接查验报告》全文，一审支持王某的该项诉求，并无不当。

第二十九条 【物业承接验收时应移交的资料】

在办理物业承接验收手续时，建设单位应当向物业服务企业移交下列资料：

（一）竣工总平面图，单体建筑、结构、设备竣工图，配套设施、地下管网工程竣工图等竣工验收资料；

（二）设施设备的安装、使用和维护保养等技术资料；

（三）物业质量保修文件和物业使用说明文件；

（四）物业管理所必需的其他资料。

物业服务企业应当在前期物业服务合同终止时将上述资料移交给业主委员会。

要点注释

物业涉及的文件资料大体包括物业的权属文件和技术资料。前者是反映物业上的法律权利义务关系的资料，而后者则是关于物业建设的相关技术文件。这两类资料都是物业公司开展有效的物业服务所应拥有的，在办理物业承接验收的时候都需要进行移交。

思维导图

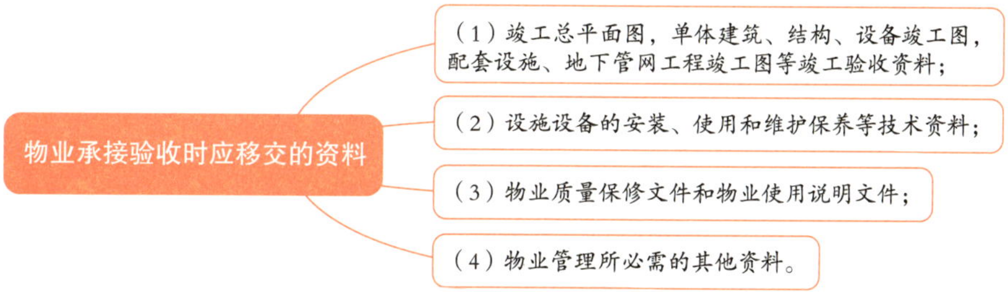

第三十条 【物业管理用房】

建设单位应当按照规定在物业管理区域内配置必要的物业管理用房。

物业管理用房，是指房地产开发建设中按照有关规定建设的，由开发建设单位以建造成本价一并转让给购房业主集体，用作物业管理办公、工作人员值班以及存放工具材料的用房。

要点注释

本条明确规定了建设单位具有为物业服务企业配置物业管理用房的法定义务。因此，建设单位在建设项目的立项阶段，就要做到全面规划，统筹安排，以使物业管理用房在建设工程勘察、设计、施工的各个阶段得以顺利实施。

房地产开发商应当依法配置物业管理用房。《物业管理条例》第三十条规定：“建设单位应当按照规定在物业管理区域内配置必要的物业管理用房。”《物业管理条例》第六十二条规定，建设单位不按照规定配置必要的物业管理用房的，由县级以上地方人民政府房地产行政主管部门责令限期改正，给予警告，没收违法所得，并处十万元以上五十万元以下的罚款。

案例精析

某业主委员会诉某房开公司、某物业公司所有权确认纠纷案——物业服务用房属业主共有，应依法移交业委会管理使用

来源：贵州高院发布“物权纠纷十大典型案例”①

裁判要点

法院认为，物业服务用房依法属于业主共有。某房开公司将部分社区用房移交业主委员会，未经主管部门同意，不能等同于已经完成物业服务用房的移交义务。不动产登记机构记载有两套物业服务用房，客观上需要由 1 栋和 3 栋与 2 栋两个物业管理区域分开使用，且权利需兼顾。现 1 栋和 3 栋共同成立业主委员会提起诉讼且所占建筑面积较大，故建筑面积略大的 1 号房宜明确由 1 栋和 3 栋业主共有。但 1 栋和 3 栋的业主委员会不能代表 2 栋业主主张权利，故暂不宜确认 2 号房权属。据此，法院判决确认 1 号房属于 1 栋和 3 栋全体业主共有，房开公司限期向业主委员会移交该房屋。

随着城市建设不断发展及业主权利意识提升，特别是《民法

① 《贵州高院发布“物权纠纷十大典型案例”》，载贵州省高级人民法院网站，https://www.guizhoucourt.gov.cn/ajbd/269929.jhtml，2024 年 6 月 18 日访问。

典》施行后，越来越多的业主开始关注共有权利的行使和实现，依法维护自身合法权益。本案涉及物业服务用房所有权的确认问题，根据物业管理条例相关规定，房开公司应当按照规定在物业管理区域内配置必要的物业服务用房。同时，根据《民法典》第二百七十四条的规定，小区物业服务用房属于业主共有。实践中经常遇到的问题是，小区前期物业服务往往是由房开公司选择的物业公司提供，房开公司将相关房产移交给该物业公司使用、经营，当业主委员会成立、新的物业公司提出接管时，房开公司或前期物业公司以对这部分房产有所有权拒绝移交，由此引发纠纷。本案中，法院在查明小区的建设规划信息、不动产登记和建筑物实际使用及物业管理等情况的基础上，就案涉两套物业服务用房作出相应处理，有效保障了案涉业主的合法权利。

第三十一条 【建设单位的物业保修责任】

建设单位应当按照国家规定的保修期限和保修范围，承担物业的保修责任。

根据《建设工程质量管理条例》的规定，在正常使用条件下，建设工程的最低保修期限为：（1）基础设施工程、房屋建筑的地基基础工程和主体结构工程，为设计文件规定的该工程的合理使用年限；（2）屋面防水工程、有防水要求的卫生间、房间和外墙面的防渗漏，为 5 年；（3）供热与供冷系统，为 2 个采暖期、供冷期；（4）电气管线、给排水管道、设备安装和装修工程，为 2 年。

建筑工程的保修范围包括地基基础工程、主体结构工程、屋面防水工程和其他土建工程，以及电气管线、上下水管线的安装工程，供热、供冷系统工程等项目。

要点注释

物业在建设中存在的质量问题，在竣工验收时可能未被发现，在使用过程中逐渐暴露出来，如屋面漏水，墙壁裂缝或墙皮脱落，室内地面空鼓、开裂、起砂，上下水管道、暖气管道漏水、堵塞等。根据本条的规定，物业在交付使用后的一定期限内发现有工程质量缺陷，建设单位应当依法承担修复责任。

关联规定

《建筑法》

第六十二条

《建设工程质量管理条例》

第三条、第三十九条至第四十条

《房屋建筑工程质量保修办法》

第四条、第六条至第七条

案例精析

黄某（业主）与某物业服务公司物业服务合同纠纷案

案号：（2023）鄂 08 民终 860 号

来源：中国裁判文书网

裁判要点

根据《物业管理条例》第三十一条的规定："建设单位应当按照国家规定的保修期限和保修范围，承担物业的保修责任。"同时，根据该条例第五十三条第二款的规定："专项维修资金属于业主所有，专项用于物业保修期满后物业共用部位、共用设施设备的维修和更新、改造，不得挪作他用。"因此，若黄某反映的房屋问题属于尚在国家规定的保修期限和保修范围的问题，则应由建设单位承担保修责任；若黄某反映的房屋问题属于超过保修期的物业共有部分问题，则依法应由业主共同决定是否使用维修资金进行维修。故黄某以房屋存在问题为由主张某物业公司赔偿其财产损失、误工费及精神补偿费，依据不足，本院不予支持。

第四章　物业管理服务

第三十二条　【物业服务企业】

从事物业管理活动的企业应当具有独立的法人资格。

国务院建设行政主管部门应当会同有关部门建立守信联合激励和失信联合惩戒机制，加强行业诚信管理。

要点注释

关于物业服务企业的法律性质，本条作了明确的规定，即物业服务企业是独立的法人。也就是说，非法人的企业不能从事物业管理服务。依据这一规定，个人独资企业与合伙企业由于不具备法人资格，依法就不能从事物业管理服务活动。

案例精析

马某与石河子市金某广场合同纠纷案

案号：（2023）兵 08 民终 932 号

来源：中国裁判文书网

裁判要点

被上诉人与上诉人之间签订的涉案合同中关于被上诉人收取管理费的约定的效力如何确认。根据《物业管理条例》第三十二条、《民法典》第九百三十七条的规定，物业服务合同中物业服务人既包括物业服务企业，也包括其他管理人，即其他组织或者自然人等，法律并未对物业管理资格作出强制性规定。某广场先与某商贸城地下室摊主签订了 526 份《委托管理协议》，负责某商贸城地下室相关摊位的管理，后与某商贸城签订协议书约定，由某广场负责对商城负一层经营场地的水、电、暖气设施、消防设施、电梯等经营管理，承担相应费用。上述协议书约定履行期限已届满，但仍实际继续履行。马某虽未签订上述协议，但亦与某广场在平等自愿的基础上签订了《合作协议》和《补充协议》，马某于 2021 年依据《补充协议》向金某广场主张了每年 15000 元的补偿款，故《合作协议》和《补充协议》也实际履行。该《合作协议》和《补充协议》不违反法律、行政法规的禁止性规定，应认定为合法有效。马某主张《补充协议》中的第五条无效并确认某广场不具有收费主体资格的诉讼请求缺乏事实和法律依据，本院不予支持。

第三十三条 【物业管理区域统一管理】

一个物业管理区域由一个物业服务企业实施物业管理。

要点注释

本条例第九条规定了物业管理区域的划分，并且规定一个物业管理区域成立一个业主大会。本条进一步明确要求在单个物业管理区域内只允许一家物业服务企业从事物业管理服务。

一个小区由一个物业公司进行管理一般情况下，一个住宅小区就是一个物业管理区域，只能由一个物业公司进行管理。业主有权对物业公司的工作进行监督，也可以解聘物业公司，但是这种权利不能任意地、无限制地行使，而必须按照法定的程序通过业主委员会来行使。业主如果对物业公司有所不满，必须通过业主委员会进行，不得擅自拒绝物业的统一管理。

思维导图

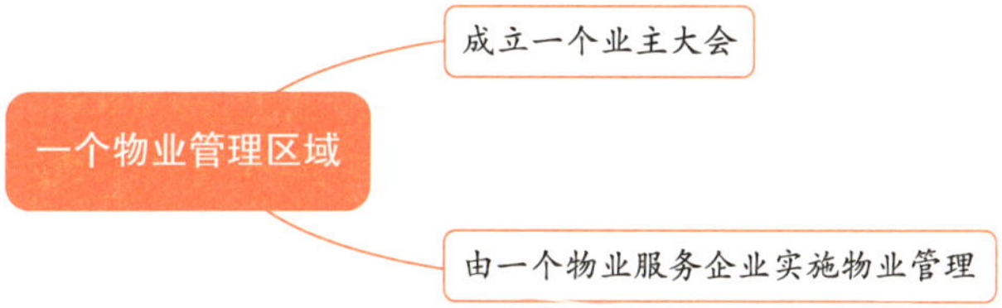

案例精析

某物业管理公司与某公司物业合同纠纷案

来源：载《人民司法·案例》2014 年第 24 期，第 24 页

裁判要点

同一物业管理区域之内，业主利用自有的物业配套设施设备对专有部分和部分共有部分自行提供物业服务，独立维修、养护、管理配套的设施设备并自行承担费用的，业主自行提供物业服务的区域可认定为物管相对独立的区域。依申请，人民法院可参考物业的性质、相对独立区域形成的原因、物业服务企业提供服务的实际水平等因素，适当调整物管相对独立区域的业主支付物业费的标准。

第三十四条 【物业服务合同】

业主委员会应当与业主大会选聘的物业服务企业订立书面的物业服务合同。

物业服务合同应当对物业管理事项、服务质量、服务费用、双方的权利义务、专项维修资金的管理与使用、物业管理用房、合同期限、违约责任等内容进行约定。

物业服务合同是要式合同。《民法典》第九百三十八条第三款规定，物业服务合同应当采用书面形式。之所以规定物业服务合同应当采用书面形式，主要是因为物业服务合同的内容往往十分复杂，为了明确物业服务人与业主之间的具体权利义务关系，同时也有利于避免纠纷的发生，需要以书面的形式来确定当事人的权利义务。

根据《民法典》第九百三十七条的规定，物业服务合同是物业服务人在物业服务区域内，为业主提供建筑物及其附属设施的维修养护、环境卫生和相关秩序的管理维护等物业服务，业主支付物业费的合同。

相比于一般的民事合同，物业服务人提供物业服务的内容较为复杂，包括卫生、环保、安全、消防等方方面面，具有综合性和全面性，并视小区具体情况不同而有所差异。

根据《民法典》第九百三十七条和第九百四十二条的规定，物业服务人是业主提供建筑物及其附属设施的维修养护、环境卫生和相关秩序的管理维护等物业服务，具体来说，包括妥善维修、养护、清洁、绿化和经营管理物业服务区域内的业主共有部分，维护物业服务区域内的基本秩序，采取合理措施保护业主的人身、财产安全，等等。

物业服务人所提供的物业服务的质量没有法定的统一标准，而需要当事人的特别约定。

要点注释

业主委员会虽然常常直接与物业服务人签订合同，且在实践中具有诉讼主体的资格，但是其并非独立的民事主体，没有自己的财产，不能独立对外承担责任，不具有民事权利能力，不能享有权利承担义务，也不能成为合同当事人。业主委员会只是接受业主大会的授权，与业主大会依法选聘的物业服务人签订物业服务合同，其代表的是全体业主的利益。物业服务合同的主体应当是业主，而且是全体业主。虽然与物业服务人签订物业服务合同的可能是业主，也可能是业主委员会甚至是建设单位，但是物业服务合同的当事人是全体业主，由全体业主享有物业服务合同的权利，承担合同义务。

当独门独栋的业主自己聘请物业服务人时，业主直接与物业服务人签订物业服务合同，这是极少数的。但是，现在的住宅小区往往不止一栋楼房，而且每栋楼房里面又有很多住户，整个小区业主人数众多，具有集合性的特点。在业主人数众多的情况下，由每个业主直接与物业服务人签订合同是不可能的，所以一般由业主委员会代表全体业主来与物业服务人订立合同。合同一旦成立，全体业主都是合同当事人，合同就对每个业主都发生效力，业主不得以没有直接参与合同订立为由拒绝接受合同约束。因为业主人数较多，不可能由每个业主决定自己是否订立合同，也不可能由每个业主亲自与物业服务企业签订合同，所以全体业主需要按照一定的程序来作出决定，并且由某个特定的主体来代表全体业主与物业服务人签订合同。如果业主已经成立了业主大会，则需要按照法定程序，由业主大会作出决定。

思维导图

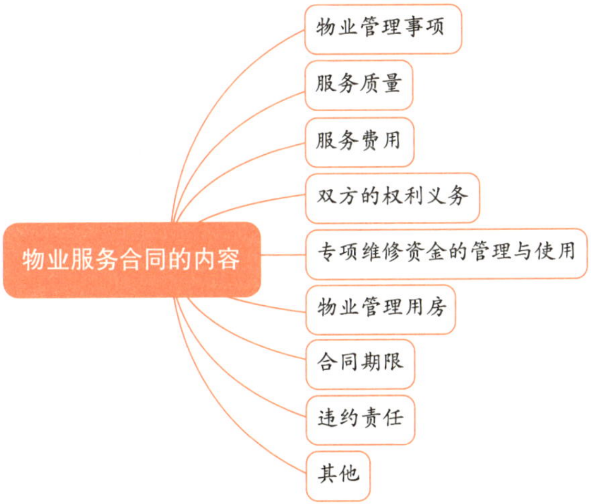

关联规定

《民法典》

第四百六十九条、第九百三十七条至第九百五十条

案例精析

李某、某物业公司物业服务合同纠纷案

案号：（2023）粤01民终1753号

来源：中国裁判文书网

根据一审法院查明的事实，虽然某物业公司未就涉案小区签订书面《物业服务合同》，但该公司为涉案小区实际提供了相关物业管理服务，而李某作为涉案小区的业主亦接受了某物业公司提供的物业服务，故某物业公司与李某之间构成事实上的物业服务合同关系。

李某主张涉案公用排水管、排污管堵塞造成污水返涌现象，以致其房屋遭受了损失，主要原因是因为某物业公司长期以来未履行对上述管道疏通、养护的义务。对此，本院认为，某物业公司作为物业管理单位，确实负有及时维护公共设施的义务，但一方面，某物业公司二审中提交了《天台、消防巡查维护表》，李某虽对此有异议，但未举证推翻，且李某亦确认某物业公司曾向小区业主发出集资更换公共管道的公告，可以反映某物业公司提供了一定的物业养护义务；另一方面，双方并未签订《物业服务合同》，没有明确约定相关物业服务质量、标准及维保费用的负担等问题，目前亦无证据显示双方对此达成协商一致意见，故李某认为某物业公司未尽到对公共管道的疏通、养护义务并无合同依据。

第三十五条 【物业服务企业的义务和责任】

物业服务企业应当按照物业服务合同的约定，提供相应的服务。

物业服务企业未能履行物业服务合同的约定，导致业主人身、财产安全受到损害的，应当依法承担相应的法律责任。

例如，以醒目的方式告知业主二十四小时有保安在岗的值班室以及附近派出所的联系电话，在重要部位如地下停车场、单元楼门口等安装监控探头，按照约定和有关规定对电梯进行安全检修，等等。

如果出现可能危害或者已经危害到业主人身、财产安全的情形，物业服务企业应当及时制止相关行为，并且视情况采取必要措施以尽量保障业主的人身、财产安全。例如，发现小区单元楼发生高空抛物的行为，根据《民法典》第一千二百五十四条第二款的规定，物业服务企业等建筑物管理人应当采取必要的安全保障措施防止前款规定情形的发生；未采取必要的安全保障措施的，应当依法承担未履行安全保障义务的侵权责任。

要点注释

需要注意的是，物业服务企业承担保障业主人身、财产安全的义务，应当在一定、合理、正常范围内，不能过于苛求。例如，业主不能要求物业服务企业在物业服务合同中约定，保证在物业服务区域内不发生任何盗窃事件，或者不发生任何人身伤害事件。如果物业服务企业没有尽到其安全防范义务，导致业主的人身、财产安全受到侵害，物业服务企业应当承担相应的违约责任。当物业服务企业的行为符合侵权责任之要件时，亦构成侵权，物业服务企业须承担相应的侵权责任，此时发生违约责任与侵权责任之竞合，受到损害的业主可以向物业服务企业请求其承担违约责任或者侵权责任。

思维导图

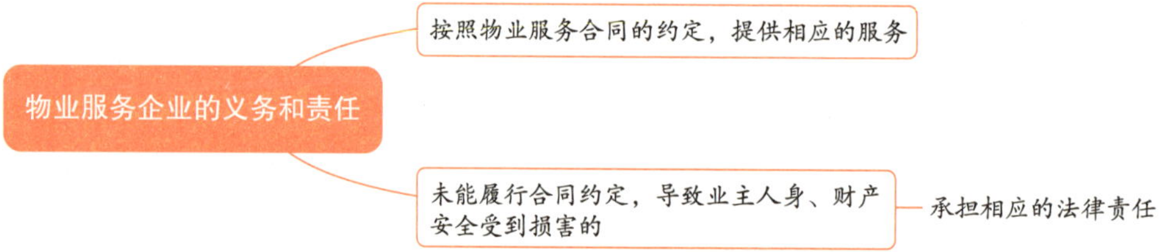

关联规定

《民法典》

第一千二百五十四条第二款

案例精析

小区物业有没有配合业主安装新能源汽车充电设施的义务

来源：司法行政（法律服务）案例库[①]

典型意义

（一）小区物业应配合小区业主安装新能源汽车充电基础设施。近年来，为有效保护生态环境、切实节能减排，国家大力支持鼓励新能源汽车行业发展，大力支持消费者购买新能源汽车，也积极要求地方政府充分调动各有关方面积极性，切实解决当前居民区电动汽车充电基础设施建设难题。要求各地房地产（房屋）主管行政部门、街道办事处或乡镇人民政府、社区居委会要按照《私人用户居住地充电基础设施建设管理示范文本》，主动加强对业主委员会的指导和监督，引导业主支持充电基础设施建设改造，明确充电基础设施产权人、建设单位、管理服务单位等相关主体的权利义务以及相应建设使用管理流程。对于占用固定车位产权人或长期承租方（租期一年以上）建设充电基础设施的行为或要求，业主委员会（或业主大会授权的管理单位）原则上应同意并提供必要的协助。在居民区充电基础设施安装过程中，物业服务企业应配合业主或其委托的建设单位，及时提供相关图纸资料，积极配合并协助现场勘查、施工。

（二）民事主体从事民事活动，应当严格贯彻《民法典》确立的绿色原则。2021 年 1 月 1 日施行的《民法典》确立了绿色原则，要求民事主体从事民事活动应当有利于节约资源、保护生态环境。《民法典》的绿色原则对民事主体从事民事活动具有极强的指导意义，也有利于指导解决当前新能源产业发展过程中产生的一些矛盾纠纷问题。民事主体在民事活动中贯彻绿色原则，有利于实现碳达标、碳中和等国家战略，也有利于节约资源、保护生态环境，实现人与自然的和谐以及可持续发展。

（三）民事主体在履行合同过程中，应当避免浪费资源、污染环境和破坏生态。虽然在本案中，《物业服务合同》未对安装新能源车充电桩等事宜进行约定，但相关民事主体，应从遵守《民法典》合同履行的原则出发，在履行合同过程中，避免浪费资源、污染环境和破坏生态。本案中原告安装新能源充电桩，有利于保护生态环境，降低碳排放，是既有效贯彻了《民法典》的绿色原则，也有效贯彻了国家发展新能源汽车的方针政策，应当予以支持，被告物业公司应当从遵守《民法典》合同履行的原则出发，配合原告安装新能源汽车充电桩。

① 《小区物业有没有配合业主安装新能源汽车充电设施的义务》，载司法行政（法律服务）案例库，https://alk.12348.gov.cn/Detail?dbID=37&dbName=FXSF&sysID=20676，2024 年 7 月 2 日访问。

第三十六条 【物业验收和资料移交】

物业服务企业承接物业时，应当与业主委员会办理物业验收手续。

业主委员会应当向物业服务企业移交本条例第二十九条第一款规定的资料。

在办理物业承接验收手续时，建设单位应当向物业服务企业移交下列资料：
（1）竣工总平面图，单体建筑、结构、设备竣工图，配套设施、地下管网工程竣工图等竣工验收资料；
（2）设施设备的安装、使用和维护保养等技术资料；
（3）物业质量保修文件和物业使用说明文件；
（4）物业管理所必需的其他资料。

物业的接管验收主要应当包括以下三项内容：
（1）物业资料的交接。业主委员会应当将下列资料交付于物业服务企业：①物业规划图；②竣工图（包括总平面、单体竣工图）；③建筑施工图；④工程验收的各种签证、记录、证明；⑤房地产权属关系的有关资料；⑥机电设备使用说明书；⑦消防系统验收证明；⑧公共设施检查验收证明；⑨用水、用电、用气指标批文；⑩水、电、气表校验报告；有关工程项目的其他重要技术决定和文件。
（2）物业接管验收。一般来说物业接管验收包括以下内容：①主体结构验收。地基沉降不应超过国家规定的变形值，不得引起上部结构的开裂或毗邻房屋的破坏；主体结构构件的变形及裂缝也不能超过国家规定的标准；外墙不得渗水。②屋面及楼地面。屋面应按国家规定标准排水畅通，无积水、不渗漏；楼地面与基层的粘结应牢固，不空鼓且整体平整，无裂缝、脱皮和起砂现象；卫生间及阳台、厨房的地面相对标高应符合设计要求，不得出现倒水及渗漏现象。③装修。应保证各装修部位及构件既美观大方又满足使用要求，不得出现因装修不善而造成的门窗开关不灵，油漆色泽不一，墙皮脱落等现象。④电气。电气线路应安装平直、牢固，过墙有导管；照明器具必须安装牢固，接触良好；电梯等设备应运转正常且噪声震动不得超过规定；此外，各类记录及图纸资料应齐全。⑤水卫、消防、采暖、燃气。上、下水管道应安装牢固，控制部件启闭灵活，无滴、漏、跑、冒现象；消防设施应符合国家规定，并有消防部门检验合格证；采暖的锅炉、箱罐等压力容器应安装平整、配件齐全，没有缺陷，并有专门的检验合格证；燃气管道应无泄漏。此外，各种仪表仪器、辅机亦应齐全、灵敏、安全、准确。⑥附属工程及其他。室外道路、排水系统等的标高、坡度等因素都应符合设计规定；相应的市政、公建配套工程与服务设施应达到质量和使用功能的要求。
（3）核实原始资料。在现场验收检查的同时，应核实原始资料，逐项查明，发现有与实际不相符之处，应及时作出记录，并经双方共同签字存档。

要点注释

本条规定了物业服务企业承接物业时的接管与验收义务。承接验收是物业管理过程中的一个重要环节，是物业管理的基础工作和前提条件，对物业管理的顺利进行有着重要的意义。物业服务企业要履行其管理义务就必须要对物业进行接管和验收，如果房地产开发企业交付了一个设施配套并不齐全而且质量不合格的物业小区，将严重影响业主的居住、生活。因此，物业服务企业在承接一个物业项目并签订物业服务合同时，理所当然要对物业进行认真的清点和查验，以明确交接双方的权利义务，从而实现权利义务的转移，维护双方的利益。同时有利于物业服务企业根据承接中的有关物业资料，了解物业的性能与特点，预防物业管理事务中可能出现的问题，确保接管后物业的正常使用。

思维导图

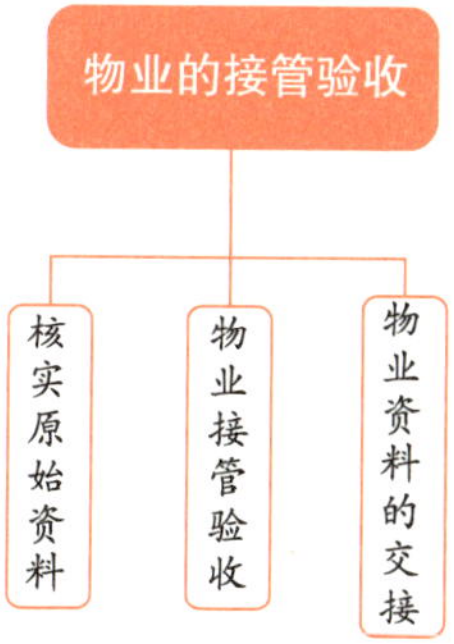

案例精析

某小区业主委员会、某乙物业管理公司物业服务合同纠纷案

案号：（2022）鲁11民终1819号

来源：中国裁判文书网

裁判要点

本案中，某业主委员会合法成立，应当按照法律、行政法规的规定履行职责，其作为诉讼主体并不违反法律规定。按照《物业管理条例》第三十八条的规定，本案中应当由某1物业与某2物业进行交接，某业主委员会主张相关权利，也不违反法律、行政法规的规定，但物业交接应当是全面交接，包括不限于档案资料、物业相关设施、物业费水电费取暖押金等账目等，现在某业主委员会要求某2物业仅仅移交预收电费、取暖押金、业主资料，而对于物业相关的其他应当交接的项目不予处理，不符合民事活动公平原则，不予支持。

第三十七条 【物业管理用房所有权属和用途】

物业管理用房的所有权依法属于业主。未经业主大会同意，物业服务企业不得改变物业管理用房的用途。

物业管理用房，又称物业服务用房，是指物业服务企业为业主提供物业服务而使用的房屋。物业服务用房是向小区提供物业服务所必需的。没有物业服务用房，物业服务人就无法为业主提供必要的物业服务。

如在物业管理中心设小卖部、出租给商户用于开设餐馆等。

要点注释

依据《民法典》第二百七十四条的规定，物业服务用房属于业主共有。在物业服务人开始为业主提供物业服务时，就可以使用物业服务用房。

但是，物业服务用房的用途是特定的，物业服务人不得擅自改变用途，但是经过业主大会同意的除外。根据《物业管理条例》第六十三条的规定，未经业主大会同意，物业服务企业擅自改变物业管理用房的用途的，由县级以上地方人民政府房地产行政主管部门责令限期改正，给予警告，并处一万元以上十万元以下的罚款。

思维导图

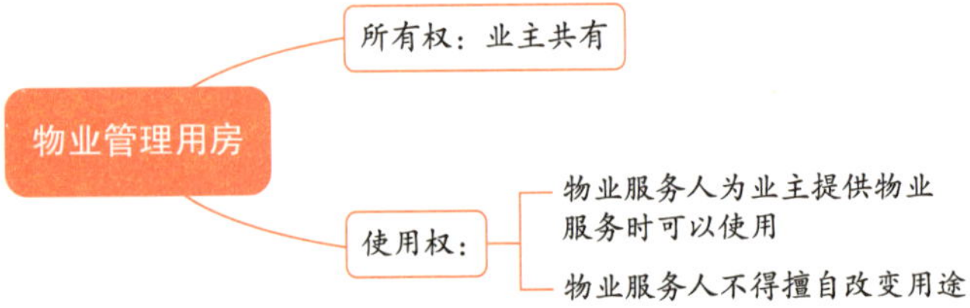

关联规定

《民法典》

第二百七十四条

《物业管理条例》

第六十三条

案例精析

某物业管理公司、某物业公司侵权责任纠纷案

案号：（2022）辽04民终1435号

来源：中国裁判文书网

裁判要点

原告某物业管理以履行合同所需为由，来院提起本案诉讼，要求被告腾退物业用房等相关设施。2021年1月14日，某业主委员会与某社区共同发布《某小区招聘物业工作公示》，载明“根据投票情况，由超半数同意的某物业公司马上进驻小区无偿为弘某小区服务15天……”自此，被告某物业公司在某小区进行物业服务。2021年2月1日，某业主委员会与被告某物业公司签订《物业管理合同》，合同期限自2021年2月1日至2026年1月31日。本案中，某物业管理公司主张某物业公司返还的房屋系物业管理用房，物业管理用房所有权属于业主，对小区提供物业服务的企业享有物业管理用房占有、使用权。现某小区业主委员会依照法定程序，采取书面征求意见的形式，经专有部分占建筑物总面积三分之二以上的业主且占总人数三分之二以上的业主同意，根据业主对该小区招聘物业工作的投票意见，解聘某物业管理公司，某物业管理公司丧失对案涉房屋占有、使用的权利基础，故其要求某物业公司腾迁的上诉请求无事实及法律依据，本院无法支持。

第三十八条 【合同终止时物业服务企业的义务】

物业服务合同终止时，物业服务企业应当将物业管理用房和本条例第二十九条第一款规定的资料交还给业主委员会。

物业服务合同终止时，业主大会选聘了新的物业服务企业的，物业服务企业之间应当做好交接工作。

物业服务合同的终止，是指物业服务合同的效力因一定的原因在将来消灭，不再具有约束力。

导致物业合同终止的情形有：（1）物业服务合同规定的期限届满，业主委员会与物业服务企业没有续签合同的；（2）物业服务企业与业主委员会通过达成协议的方式使得物业服务合同终止；（3）合同一方当事人有严重违约的行为时，另一方当事人行使终止权使得物业服务合同解除。

具体如何进行交接，双方可以在物业服务合同中进行约定。

在办理物业承接验收手续时，建设单位应当向物业服务企业移交下列资料：

（1）竣工总平面图，单体建筑、结构、设备竣工图，配套设施、地下管网工程竣工图等竣工验收资料；

（2）设施设备的安装、使用和维护保养等技术资料；

（3）物业质量保修文件和物业使用说明文件；

（4）物业管理所必需的其他资料。

要点注释

物业服务合同终止，物业服务人应当在一定期限内退出物业服务区域，并做好有关交接工作。但在新物业服务人或者业主自己接管前，物业服务人还是应当继续处理物业服务事项。

《民法典》第九百四十九条第一款规定：“物业服务合同终止的，原物业服务人应当在约定期限或者合理期限内退出物业服务区域，将物业服务用房、相关设施、物业服务所必需的相关资料等交还给业主委员会、决定自行管理的业主或者其指定的人，配合新物业服务人做好交接工作，并如实告知物业的使用和管理状况。”因为物业服务合同涉及的服务事项较多，是继续性合同，一般服务期限较长，原物业服务人不仅长期占有物业服务用房，而且掌握了小区内相关设施、物业服务的很多相关资料，这些物业服务用房及相关资料应当交还给业主委员会、决定自行管理的业主或者其指定的人；如果已经选定了新物业服务人，原物业服务人还应当配合新物业服务人做好交接工作，如实告知物业的使用和管理情况。

思维导图

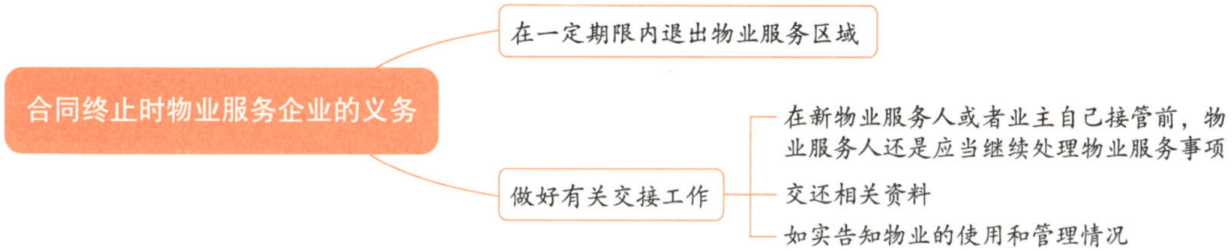

关联规定

《民法典》

第九百四十九条

案例精析

福建省某物业管理有限公司诉福州市台江区某业主委员会物业服务合同纠纷案

案号：（2022）闽民再 304 号

来源：人民法院案例库 2023-07-2-121-003

裁判要点

1. 业主委员会成立及成员的选任是业主自治权行使的结果，是对外代表全体业主、维护全体业主整体利益的手段、形式、载体。因所有权核心权能是基于真实意思表示的处分权，除非法律、行政法规有强制性规定，否则应尊重所有权人基于整体利益而为的团体意思表示，即业主委员会不因任期届满而丧失诉讼主体资格。

2.《物业管理条例》第十六条规定了业主委员会应当自选举产生之日起 30 日内，向物业所在地的区、县人民政府房地产行政主管部门和街道办事处、乡镇人民政府备案，该条中的备案为程序性要求，属行政主管部门单纯接受备案的行为，未备案对于业主委员会的诉讼主体资格并不产生影响。

第三十九条 【专项服务业务的转委托】

物业服务企业可以将物业管理区域内的专项服务业务委托给专业性服务企业，但不得将该区域内的全部物业管理一并委托给他人。

例如，选聘专营公司或聘用专人承担清洁、保安、绿化等专项服务业务。

要点注释

由于物业管理活动内容广泛，许多领域专业性强，一个物业服务企业可能很难完全胜任，必须将这些专业性的服务活动再行委托给其他专业服务公司才能很好地完成其物业管理活动。

物业服务合同在性质上属于委托合同，其中业主是委托人、物业服务企业是受托人。因此除了本条例有特别规定外，物业服务合同应当适用《民法典》合同编中关于委托合同的规定。物业服务合同注重彼此之间的人身信任关系，一旦此种信任关系不存在，合同的履行将会面临困难，这也可能成为当事人解除合同的法定事由。物业服务企业将物业服务区域内的全部物业服务业务一并委托他人而签订的委托合同，业主委员会或者业主请求确认合同或者合同相关条款无效的，人民法院应予支持。

思维导图

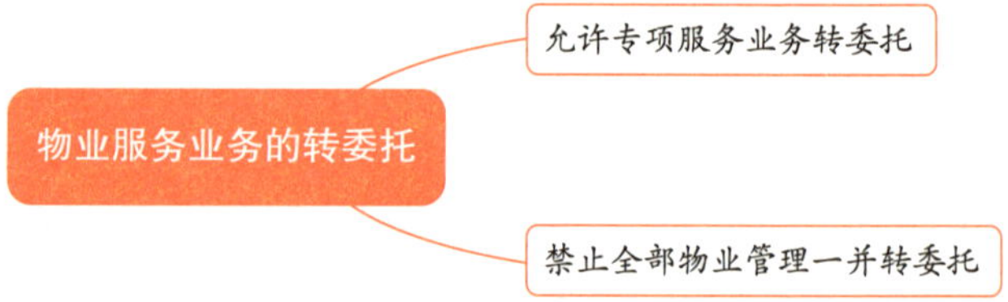

关联规定

《民法典》

第一百六十九条、第二百八十五条、第九百二十三条

案例精析

某物业服务公司、某房地产开发公司等合同纠纷案

案号：（2022）闽07民终171号

来源：中国裁判文书网

裁判要点

本案的争议焦点为案涉《某小区物业管理协议》是否有效。根据已查明的事实，某物业服务公司于2017年9月13日向华某公司出具的承诺函载明："同意华某公司开发的某园项目物业管理股权本公司占股比为10%，华某公司占股比为90%……同意择期与华某公司签订《某园前期物业合作协议》"，后某物业服务公司与某房地产开发公司签订了《前期物业服务合同》，并向某房地产开发报销招投标费等。由此可见，某物业服务公司与某房地产开发实际达成合作经营案涉小区物业服务项目，合作主体以某物业服务公司的名义对外经营的合意，该合作合意并未违反其他法律禁止性规定，应为合法有效，案涉物业服务项目的实际经营主体系某房地产开发与某物业服务公司组成的合作体。2020年5月26日，某物业服务公司、某房地产开发、某公司签订的《某园小区物业管理协议》中虽约定"某物业服务公司授权某公司全权负责某园小区物业的日常运营管理"，但该协议开篇即载明"为更好地完成前期交房及后期物业服务，某房地产开发同某物业服务公司共同成立新物业管理公司某公司……某公司的股份比例按2017年9月13日某物业服务公司出具《承诺书》的比例，由某物业服务公司持股10%，某房地产开发持股90%"，同时约定案涉项目由某公司独立运营，项目产生的收益、债权债务由某房地产开发、某物业服务公司根据持股比例分摊，某物业服务公司应全力配合某公司进行经营管理。可见，案涉物业服务项目的实际经营主体仍是某物业服务公司与某房地产开发，案涉物业服务项目交由某公司管理，只是双方共同经营合作项目、履行合作合意的一种模式，就某物业服务公司、某房地产开发、某公司内部而言，并不存在"物业服务企业将一个物业管理区域内的全部物业管理一并委托给他人的"的情形，故某物业服务公司以"物业服务企业将服务事项全部转委托"为由，主张《某园小区物业管理协议》在三者内部无效，不能成立，某公司在合同无效的基础上提出的其他诉讼请求，亦不能成立。本案纠纷由各方在合作协议履行过程中产生的矛盾引发，各方纠纷应在合作协议项下另行处理。

第四十条 【物业服务收费】

物业服务收费应当遵循合理、公开以及费用与服务水平相适应的原则，区别不同物业的性质和特点，由业主和物业服务企业按照国务院价格主管部门会同国务院建设行政主管部门制定的物业服务收费办法，在物业服务合同中约定。

物业服务收费，是指物业服务企业按照物业服务合同的约定，对房屋及配套的设施设备和相关场地进行维修、养护、管理，维护相关区域内的环境卫生和秩序，向业主所收取的费用。

物业服务收费应当区分不同物业的性质和特点分别实行政府指导价和市场调节价。具体定价形式由省、自治区、直辖市人民政府价格主管部门会同房地产行政主管部门确定。

要点注释

物业服务收费明码标价包括：物业服务企业名称、收费对象、服务内容、服务标准、计费方式、计费起始时间、收费项目、收费标准、价格管理形式、收费依据、价格举报电话等。实行政府指导价的物业服务收费应当同时标明基准收费标准、浮动幅度，以及实际收费标准。

业主与物业管理企业可以采取包干制或者酬金制等形式约定物业服务费用。包干制是指由业主向物业管理企业支付固定物业服务费用，盈余或者亏损均由物业管理企业享有或者承担的物业服务计费方式。酬金制是指在预收的物业服务资金中按约定比例或者约定数额提取酬金支付给物业管理企业，其余全部用于物业服务合同约定的支出，结余或者不足均由业主享有或者承担的物业服务计费方式。

思维导图

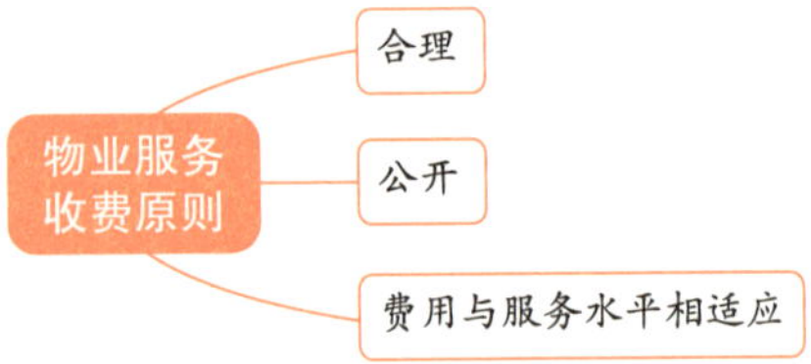

关联规定

《价格法》

第十三条

《物业服务收费管理办法》

第二条、第五条至第八条

《物业服务收费明码标价规定》

《物业服务定价成本监审办法（试行）》

案例精析

李某与物业公司纠纷案以案释法

来源：司法行政（法律服务）案例库[①]

法律分析

物业服务合同是物业服务企业与业主订立的，规定由物业服务企业提供对房屋及其配套设备、设施和相关场地进行专业化维修、养护、管理以及维护相关区域内环境卫生和公共秩序，由业主支付报酬的服务合同。环某物业公司与李某签订的《前期物业服务协议》是有效合同，内容不违反法律、行政法规的强制性规定，合法有效。环某物业公司系经相关机关批准登记注册的物业管理公司，有权在经营范围内行使权利。

根据《民法典》第九百四十二条，物业服务人应当按照约定和物业的使用性质，妥善维修、养护、清洁、绿化和经营管理物业服务区域内的业主共有部分，维护物业服务区域内的基本秩序，采取合理措施保护业主的人身、财产安全。对物业服务区域内违反有关治安、环保、消防等法律法规的行为，物业服务人应当及时采取合理措施制止、向有关行政主管部门报告并协助处理。

环某物业公司已对李某居住的小区实施了物业管理服务，并履行了一定的义务，李某理应交纳物业管理服务费，拖欠不交已构成违约。李某作为业主，不能因物业公司个别地方做的不足，以拒交物业管理服务费的方式对抗物业服务瑕疵行为，影响整个小区正常的物业管理。

根据《民法典》第九百四十四条，业主应当按照约定向物业服务人支付物业费。物业服务人已经按照约定和有关规定提供服务的，业主不得以未接受或者无需接受相关物业服务为由拒绝支付物业费。业主违反约定逾期不支付物业费的，物业服务人可以催告其在合理期限内支付；合理期限届满仍不支付的，物业服务人可以提起诉讼或者申请仲裁。因此，对环某物业公司要求李某给付欠交物业管理服务费的诉讼请求予以支持。

考虑到李某提供了大量的照片和视频资料等证据证明环某物业公司在物业管理服务过程中存在瑕疵，特别是承接外墙广告造成李某等 5 名业主墙体受损，造成了业主财产损失，应当承担相应的法律责任。因此，法院在审理后认为，环某物业公司在提供物业服务时确实存在一定的瑕疵，李某所欠物业费应酌情予以减免，相关违约金予以免除。

---

① 《李某与物业公司纠纷案以案释法》，载司法行政（法律服务）案例库，https://alk.12348.gov.cn/Detail?dbID=37&dbName=FXSF&sysID=21294，2024 年 7 月 2 日访问。

第四十一条 【物业服务费交纳】

业主应当根据物业服务合同的约定交纳物业服务费用。业主与物业使用人约定由物业使用人交纳物业服务费用的，从其约定，业主负连带交纳责任。

已竣工但尚未出售或者尚未交给物业买受人的物业，物业服务费用由建设单位交纳。

例如，房屋承租人。承租人是否交纳物业服务费用，关键是看承租房屋时有无具体约定。如果出租人希望承租人承担物业服务费用，则应当在房屋租赁合同中加以明确约定，并且最好将该租赁合同交物业服务企业一份，由物业服务企业盖章确认。只有在这种情况下，物业服务费用才由承租人承担，但业主仍然要承担连带责任。如果没有告知物业服务企业并经确认，物业服务企业可直接要求业主交纳。

物业服务费的交纳不以入住为前提，如果合同中有时间约定，则以该约定为准，如果没有约定，那么物业服务费的交纳一般应从业主收房时开始计算。

例如，房地产开发商。开发商也是业主之一，应当为没有售出的房屋交纳物业服务费。

要点注释

第一，物业已经出卖并交付给业主的，业主是交纳服务费的义务人。由于业主是物业的所有人，同时物业服务合同是由业主委员会代表业主与物业服务企业签订的，所以业主是合同的当事人，由其享有物业服务合同所产生的权利同时也应当由其负担物业服务合同所创设的义务，在物业服务合同中，业主一方的主要义务便是交纳物业服务费。

第二，若业主将物业交与他人使用时，由于物业使用人并非合同的当事人，因此，除非经由债务承担，物业使用人不负有交纳服务费的义务。根据《民法典》合同编的规定，由债务人与第三人签订合同进行债务承担的应当经债权人同意才对债权人有效，因此，若未经债权人同意的不构成债务承担，此时，业主与物业使用人的约定对物业服务企业不产生效力，但是，该约定在业主与物业使用人之间仍然有效。但是，物业使用人向物业服务企业交纳物业服务费的，物业服务企业应当受领不得拒绝，否则会构成受领迟延，因为，债务除依据法律或合同之约定应由债务人亲自履行的外均得由第三人履行。若物业使用人不按约定交纳物业服务费用的，仍应当由物业所有人即业主承担责任，物业服务企业不得要求物业使用人承担责任，但是物业使用人必须向业主承担责任。本条第一款规定即应作此解释。

第三，当物业尚未出售或虽已出售但是尚未交付给业主时，物业服务合同的当事人是物业服务企业与房地产开发单位（即本条例所称的建设单位），所以物业服务费应当由房地产开发单位支付。

思维导图

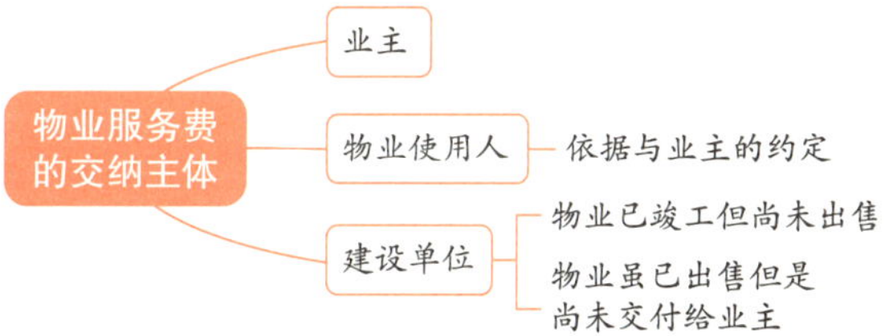

案例精析

1. 某房产公司、物业公司物业服务合同纠纷案

案号：（2024）新民申777号

来源：中国裁判文书网

裁判要点

根据《物业管理条例》第四十一条第二款的规定，案涉地下室虽空置但并不影响某房产公司对其处于实际控制和占有状态，在物业公司已证明提供物业服务的情况下，地下室空置状态不能成为阻却某房产公司交纳物业费的理由，某房产公司仍应支付物业费。因案涉地下室曾用于商业出租，并未用于住宅等其他用途，二审法院根据其前期使用性质以商业收费标准计算某房产公司应交纳的物业费并无不当。

2. 上海市杨浦区陈某某与某物业公司物业纠纷调解案

来源：司法行政（法律服务）案例库①

案例点评

本案是一件典型的业主拒交物业费引起的物业服务合同纠纷。纠纷起因是物业公司管理工作不到位，导致业主对物业公司有抵触心理，拒绝交纳物业费，物业公司经多次催交无果后，对业主维修的要求也不积极予以落实，双方互不沟通，形成一个恶性循环。化解此类纠纷，重点和难点是搭建矛盾双方沟通交流的平台，让双方心平气和地表达诉求、沟通想法。调解员根据法律规定，对当事人进行释法说理，在肯定业主法治意识的同时，劝解业主应该提高自身法律素养，冷静处理纠纷，理性进行维权；另外，劝解物业公司以做好服务为目标，提高自身履职水平。调解员在厘清双方责任的基础上，法、理、情三管齐下，最终使双方达成调解协议，把矛盾纠纷化解在萌芽状态。

① 《上海市杨浦区陈某某与某物业公司物业纠纷调解案》，载司法行政（法律服务）案例库，https://alk.12348.gov.cn/Detail?dbID=48&dbName=RTHZ&sysID=32009，2024年7月2日访问。

第四十二条 【物业服务收费监督】

县级以上人民政府价格主管部门会同同级房地产行政主管部门，应当加强对物业服务收费的监督。

价格主管部门对物业服务企业的管理主要体现在对物业管理服务的价格管理上。

房地产行政主管部门的监督检查是对物业管理全面的监督。

要点注释

物业服务收费监督是如何实现的？在物业已交付使用但尚未成立业主委员会时，物业管理综合服务收费一般由物业服务企业在政府指导价范围内提出，报县级以上物价局核定审批。另外，物业服务企业对全体业主提供的公共性服务收费，如装修保证金、有线电视入网费、水电费周转金等也应报物价局审批。在业主委员会成立后，物业服务收费标准由物业服务企业与业主委员会在物业服务合同中依据《物业管理条例》第四十条规定的原则约定或由双方协商确定，并报物价局备案。

思维导图

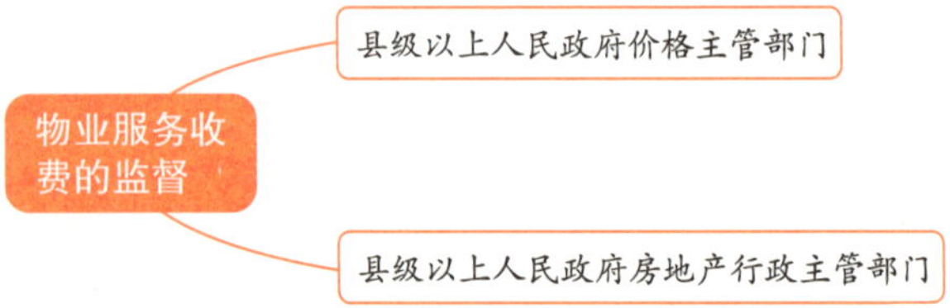

关联规定

《价格法》

第五条

《物业服务定价成本监审办法（试行）》

《物业服务收费明码标价规定》

第四条

《物业服务收费管理办法》

第四条、第二十一条

案例精析

1. 卢某、王某与某某物业服务有限公司物业服务合同纠纷

案号：（2024）冀 10 民终 935 号

来源：中国裁判文书网

裁判要点

关于案涉房屋物业费收取标准争议是否属于法院主管问题。

原告在庭审中提交多个证据，用以证实其关于本案所涉房产并非别墅，3.8元/月/平方米的收费标准超标等主张。一审法院认为，市物价局、市住房保障和房产管理局联合发布的《市物价局关于印发我市住宅区物业服务等级标准和政府指导价物业服务收费及相关服务收费指导标准的通知》明确规定住房保障和房产管理部门对物业服务等级标准执行情况进行监督管理，物价部门负责物业服务收费备案管理工作，对物业服务企业收费行为进行监督检查，查处违法行为。故对该“现状”房产应按什么标准收费，目前收费标准是否超标，不属于人民法院的职权范围。此外，物业管理费用的标准涉及小区全体业主的公共利益，因此对于物业管理费用的标准诉权的行使，除考虑合同的相对性外，还应当考虑公共利益保护的需要，由业主大会或者业主委员会行使，不宜由个别业主单独行使。

本案中，依上诉人所诉事由及请求，其实质上是对被上诉人的物业收费标准存在争议，认为收费标准过高，并应退还多向上诉人收取的物业费。根据《物业管理条例》第五条第二款、第四十二条、第四十八条规定，该事宜应由当地政府有关行政主管部门处理，原审法院认定并无不当。

2. 都匀市某小区业主与某物业公司物业纠纷调解案

来源：司法行政（法律服务）案例库[①]

案例点评

近年来，业主与物业公司间的纠纷时常产生，大部分纠纷系业主认为是物业公司管理服务不到位，拒绝交纳物业费，双方各执一词，互不退让，使矛盾愈演愈烈。本案中，调解员之所以能调解好该纠纷，一是充分调查了解，透过纠纷看本质，抓住问题关键，对症下药。二是运用好法理、情理，从事实出发，情法结合进行调解，让当事人明白自身权利和义务，并引起当事人的反思。三是灵活借助他方力量。借助社区力量，调解员建议业主由社区代管，这在一定程度上有助于实现业主自治，最终促使当事人互谅互让，达成调解协议。

---

① 《都匀市某小区业主与某物业公司物业纠纷调解案》，载司法行政（法律服务）案例库，https://alk.12348.gov.cn/Detail?dbID=48&dbName=RTHZ&sysID=32056，2024年7月2日访问。

第四十三条 【业主特约服务】

物业服务企业可以根据业主的委托提供物业服务合同约定以外的服务项目，服务报酬由双方约定。

例如，物业公司帮助业主出租房屋。在一般情况下，物业服务合同服务内容并不包括租赁服务。物业服务企业没有帮业主出租房屋的义务。物业服务企业为业主提供出租物业等特约服务时，可以收取一定的咨询费。

要点注释

既然物业服务企业与业主之间是合同关系，那么根据合同自由原则，物业合同究竟应当包括哪些内容完全取决于当事人的约定，只要其约定不违反善良风俗以及法律的强制性规定都是有效的。如果业主需要物业服务企业提供物业服务合同中约定的服务以外的其他服务的，必须与物业服务企业单独订立委托合同，就服务的种类、标准、服务费用的数额及其支付的方式、时间等作出具体的约定。合同一经成立生效当事人必须按照合同的约定履行合同，否则就会构成违约从而须承担违约责任。

关联规定

《民法典》

第二百八十五条、第九百一十九条至第九百三十六条

《物业服务收费明码标价规定》

第九条

《物业服务收费管理办法》

第二十条

案例精析

包某、某物业公司物业服务合同纠纷案

案号：（2021）新01民终6279号

来源：中国裁判文书网

裁判要点

《物业管理条例》第四十三条规定：“物业服务企业可以根据业主的委托提供物业服务合同约定以外的服务项目，服务报酬由双方约定。”包某经营的酒店，从事餐饮服务，排放的油污量大，清除难度大于正常的排放，双方约定分别收取下水费和一次性疏通费，不违反法律法规的规定，且包某也亦实际交纳，故包某要求退回该费用的请求本院不予支持，一审法院判决某物业公司退还包某下水费2240元适用法律错误，本院予以纠正，某物业公司的上诉请求成立，本院予以支持。

第四十四条 【公用事业单位收费】

物业管理区域内，供水、供电、供气、供热、通信、有线电视等单位应当向最终用户收取有关费用。

物业服务企业接受委托代收前款费用的，不得向业主收取手续费等额外费用。

限于供电、供水等公用事业服务

合同具有相对性，只对合同当事人有约束力，对第三人原则上没有约束力，因此，只有单位与用户享有合同规定的权利并承担合同义务。

要点注释

物业公司以入住率不符合约定为由而不予供暖怎么办？目前，小区居民住宅的供暖方式主要有两种：一种是专门的热力集团或热力公司集中供暖，另一种是小区自身配套的供暖设备供暖，主要是锅炉供暖。如果是专门的热力集团供暖，物业公司只负责代收供暖费及日常的协助供暖管理而无权决定是否供暖。决定是否供暖的是热力公司，而热力公司的供暖对象一般不是一个小区，因此一般不会受单个小区业主入住率的影响。如果是利用小区自身配套的供暖设备供暖，业主有权通过业主大会决议的形式要求供暖。根据《住宅专项维修资金管理办法》第三条的规定，小区的锅炉、暖气线路属于业主共用设施设备，除非购房合同中明确了此锅炉由开发商单独购买，否则属于已经被业主分摊了的部分。因此，物业公司只是此设备的委托管理人。作为管理人，物业公司有权依照《前期物业服务合同》的规定供暖。

思维导图

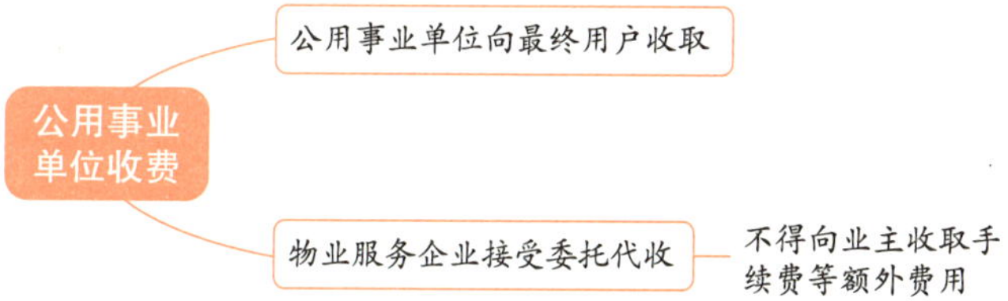

关联规定

《民法典》

第六百四十八条至第六百五十六条

《物业服务收费明码标价规定》

第八条

《住宅专项维修资金管理办法》

第三条

第四十五条 【对违法行为的制止、报告】

对物业管理区域内违反有关治安、环保、物业装饰装修和使用等方面法律、法规规定的行为，物业服务企业应当制止，并及时向有关行政管理部门报告。

有关行政管理部门在接到物业服务企业的报告后，应当依法对违法行为予以制止或者依法处理。

例如，业主擅自改变房屋用途的行为违反了有关房屋使用管理的规定，物业服务企业可以要求业主恢复原状，并向该市房屋行政管理部门报告。否则，业主团体可以向法院起诉，要求该业主恢复原状。

要点注释

依据《物业管理条例》及物业服务合同的约定，物业服务企业的主要义务包括：（1）房屋及共用设施设备的维修和管理；（2）卫生保洁服务；（3）保安服务；（4）绿化管理；（5）消防管理；（6）车辆管理；（7）装修管理；（8）环境管理等。因此，当物业管理区域内出现违反治安、环保、物业装饰装修和使用等方面法律、法规以及管理规约等行为而对物业管理区域的安全、环境等造成损害或威胁时，物业服务企业应当采取合法的手段予以制止，并将这些情况及时地报告有关国家机关予以处理。因此而给业主造成损失的应当承担损害赔偿责任。但是由于物业服务企业并非国家执法机关，不得行使执法权。有关行政管理部门接到报告后应当依法予以处理。如果物业服务企业报告之后，相关主管部门不予理睬，属于行政不作为，应当承担相应的法律责任，构成犯罪的，依法追究刑事责任；尚不构成犯罪的，依法给予行政处分。

思维导图

关联规定

《民法典》

第二百七十九条

《住宅室内装饰装修管理办法》

第五条至第六条

《最高人民法院关于审理物业服务纠纷案件适用法律若干问题的解释》

第一条

案例精析

实业公司、物业公司等物权保护纠纷案

案号：（2023）粤 01 民终 30167 号

来源：中国裁判文书网

裁判要点

物业公司接受实业公司的委托为某小区提供物业管理服务，包括对小区车库车位的管理。物业公司在授权的权限范围之内从事的民事法律行为对实业公司生效。根据《物业管理条例》第四十五条的规定，对物业管理区域内违反有关治安、环保、物业装饰装修和使用等方面法律、法规规定的行为，物业服务企业应当制止，并及时向有关行政管理部门报告。对于在小区公共区域乱停放车辆且不听劝阻的，物业公司锁车仅能作为告知和临时性措施，不能进行长时期锁车。对于何某乱停放车辆的情形，物业公司应首先采取制止措施，在制止措施无效的情况下，向行政管理部门报告，由行政管理部门依法处理，而不能以车位属于实业公司所有便可采取长时期锁车的不当行为，更不应采取以安装阻拦柱的方式变相继续限制车辆。

第四十六条 【物业服务企业的安全防范义务及保安人员的职责】

物业服务企业应当协助做好物业管理区域内的安全防范工作。发生安全事故时，物业服务企业在采取应急措施的同时，应当及时向有关行政管理部门报告，协助做好救助工作。

物业服务企业雇请保安人员的，应当遵守国家有关规定。保安人员在维护物业管理区域内的公共秩序时，应当履行职责，不得侵害公民的合法权益。

一般而言，小区安全防范义务包括以下具体内容：（1）执行门卫值班制度，以防闲杂人员自由进出物业小区。（2）实施保安巡逻制度，以便及时发现并排除治安隐患。（3）制止不遵守业主公约等规章制度的各项行为。（4）检查进出小区的车辆，并维护小区内车辆的停放秩序。（5）防范并制止其他妨害小区公共安全秩序的行为。

物业服务企业在聘用员工时，应尽谨慎注意义务，充分考察员工的品行是否适合该工作。由于物业服务企业的疏忽，而导致员工侵权，企业应当承担责任。

要点注释

物业消防管理通常包括：（1）定期检查、维修消防设施和器材、设置消防安全标志，确保消防设施和器材的完好、有效。（2）定期组织防火检查，及时消除火灾隐患。当物业服务企业发现消防安全隐患后，应当通知有关责任人及时改进。如果责任人拒绝改进的，物业服务企业应当及时告知业主团体或直接通报有关行政主管部门。物业服务企业怠于履行约定的消防管理义务造成损失或损失扩大的，应承担民事责任。（3）开展防火安全知识宣传教育。（4）保障疏通通道、安全出口畅通，并保持符合国家规定的消防安全疏通标志。（5）当物业管理区域内发生火灾时，物业服务企业应当积极进行救助工作，并及时通知消防机关，否则应当承担相应的法律责任。

思维导图

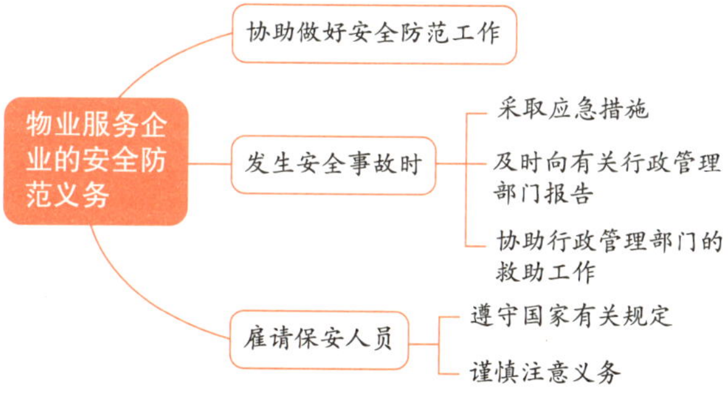

关联规定

《民法典》

第九百四十二条

《保安服务管理条例》

《公安机关实施保安服务管理条例办法》

案例精析

物业公司、郭某等生命权、身体权、健康权纠纷案

案号：（2023）甘 12 民终 809 号

来源：中国裁判文书网

裁判要点

首先，依据《物业管理条例》第四十六条之规定，物业公司负有对其物业管理区域内的安全防范义务。物业公司作为为业主提供物业服务的专业性公司，对其管理的小区内的公共场所及设施负有安全保障义务，而物业公司对电梯机房未上锁，遗留重大安全隐患，管理存在严重的缺位。由于物业公司怠于履行安全管理职责并对于小区内的安全隐患不作为，由此造成未成年人受到人身伤害的，应承担赔偿责任。上诉人郭某提出事故发生时，电梯由维保公司提供安全维护，因其未提供证据证明，本院不予采信。且该次事故并非由电梯故障引起，物业公司仍是电梯机房的管理者。其次，张某 1 虽然并非本小区业主，但是张某 1 是合法进入小区，未受到任何限制，其身体健康权理应受到保护。张某 1 至事故发生时仅七周岁，系无民事行为能力的孩子，对于周围环境的危险性及自身行为的后果缺乏判断，故对物业公司辩称当时存在警示标志对事故的发生没有过错，本院不予采信。最后，物业公司的总经理郭某在事后存在救助行为，但是也不能以尽部分救助义务为由主张免除赔偿责任。因此，一审认定物业公司对张某 1 因电梯卷扬机受伤一事应承担赔偿责任并无不当。

第四十七条 【物业使用人的权利义务】

物业使用人在物业管理活动中的权利义务由业主和物业使用人约定，但不得违反法律、法规和管理规约的有关规定。

物业使用人违反本条例和管理规约的规定，有关业主应当承担连带责任。

《民法典》第五百九十三条规定：“当事人一方因第三人的原因造成违约的，应当依法向对方承担违约责任。当事人一方和第三人之间的纠纷，依照法律规定或者按照约定处理。”业主和物业使用人之间的关于权利义务关系的内部约定不能对抗第三人。因此，对物业使用人违反《物业管理条例》和业主公约的行为，物业公司可要求业主承担连带责任，但业主在承担责任后可依法向物业使用人追偿。

要点注释

物业管理活动中各方当事人之间的权利义务主要是由物业服务合同所产生的，所以，该等权利义务除法律、法规有特别规定外只能由物业服务合同的各方当事人享有与承担。根据本条例第十五条之规定，物业服务合同是由业主委员会代表业主与业主大会选聘的物业服务企业签订的，所以，物业服务合同的双方当事人是物业服务企业与业主。因此，根据物业服务合同所产生的权利与义务只能由物业服务企业及各业主依合同之约定享有与承担。物业使用人由于不是合同的当事人，所以既不能享有合同权利也无须承担合同义务。但是，物业使用人为了能够实现其根据物业使用合同（主要为租赁合同）所取得的对物业的使用权，必须利用物业服务企业所提供的各种服务，也就是说，物业使用人必须享有业主在物业服务中所享有的各种权利才能满足其对物业的使用利益。

思维导图

关联规定

《民法典》

第五百二十二条、第五百四十五条、第五百五十四条、第五百五十六条

《最高人民法院关于审理物业服务纠纷案件适用法律若干问题的解释》

第四条

案例精析

1. 唐某、物业公司物业服务合同纠纷案

案号：（2020）鄂0117民初2343号

来源：中国裁判文书网

裁判要点

依照《物业管理条例》第四十七条第一款的规定，物业使用人在物业管理活动中的权利义务由业主和物业使用人约定，但不得违反法律、法规和管理规约的有关规定。唐某所租住的原房主蔡某与物业公司签订了《前期物业服务协议》。唐某亦向物业公司缴纳了停车服务费，唐某与物业公司之间同样受业主与物业公司之间签订的《前期物业服务合同》约束。唐某缴纳了停车服务费，物业公司负有对车位、车库及配套设施设备、相关场地进行维护管理的义务；唐某与物业公司并未订立车辆保管合同。物业公司在提供服务的过程中，未尽到相关管理义务，导致车辆侵权人无法查明，其存在违约行为，所承担的违约责任亦应与其负有的合同义务相当。

2. 天津市宝坻区某物业公司与张某物业纠纷调解案

来源：司法行政（法律服务）案例库[①]

案例点评

物业纠纷是很常见的民事纠纷，随着业主法律意识的不断增强，业主与物业公司之间的矛盾纠纷越来越多。本案中主要是围绕业主拒绝交纳物业费展开调查和调解，受理纠纷后调解员在第一时间介入，及时释法析理予以化解，防止了矛盾升级。调解此类纠纷应注意以下两点：一是准确掌握法律知识，以法为纲。调解员要熟练掌握法律知识，在调解纠纷中以法律为准绳，为纠纷双方讲清各自的权利和义务，正确厘清双方的责任。二是兼顾纠纷各方利益，公正调解。调解员作为中立方不能偏袒任何一方，要坚持公平公正调解，维护各方当事人的合法权益。

3. 昆明市五华区刘某某等15户业主与某物业服务公司物业纠纷调解案

来源：司法行政（法律服务）案例库[②]

案例点评

现实生活中存在业主以拒交物业费来抗议对物业服务公司的各种不满、物业服务公司以停水停电的方式来催交物业费等情况。发生此类纠纷通常是因为双方对相关法律知识缺乏了解。本纠纷调解过程中，调解员向双方进行针对性的普法教育，让业主了解到不能通过聚众闹事的方式来维权，让物业服务公司了解到不能通过停水停电方式来催交物业费，以案释法指出双方存在的问题，最终促使双方互相理解，进而化解了纠纷。

---

① 《天津市宝坻区某物业公司与张某物业纠纷调解案》，载司法行政（法律服务）案例库，https://alk.12348.gov.cn/Detail?dbID=48&dbName=RTHZ&sysID=32132，2024年7月2日访问。

② 《昆明市五华区刘某某等15户业主与某物业服务公司物业纠纷调解案》，载司法行政（法律服务）案例库，https://alk.12348.gov.cn/Detail?dbID=48&dbName=RTHZ&sysID=32966，2024年7月2日访问。

第四十八条 【关于物业管理的投诉】

县级以上地方人民政府房地产行政主管部门应当及时处理业主、业主委员会、物业使用人和物业服务企业在物业管理活动中的投诉。

投诉人可以是业主委员会、业主和物业使用人，也可以是物业服务企业，被投诉的对象一般是物业服务企业，也可以是业主委员会、业主和物业使用人，物业所在地的房地产管理部门，其他行政管理部门等。

物业管理纠纷投诉，是指物业管理法律关系一方当事人，即业主、业主委员会和使用人在物业管理过程中，对物业服务企业或其他物业管理主体违反物业管理有关法律法规、委托服务合同等行为，向所在地物业管理行政管理部门（房地产管理部门）、物业管理协会、消费者协会或物业服务企业的上级部门进行口头或书面的反映。

要点注释

关于物业管理投诉的种类有：（1）业主或物业使用人对其他业主或使用人的投诉。如有些业主或物业使用人因在天井、庭院、平台、屋顶以及道路搭建建筑物，而影响其他业主正常的工作、生活或影响物业区域整体美观，致使违反物业管理条例的有关规定，有利益关系的业主或物业使用人对此行为进行投诉。（2）业主或物业使用人对业主委员会投诉。如因业主委员会没能履行职责，致使业主或物业使用人的权益受到损害，而对其进行投诉。（3）业主委员会、业主和物业使用人对物业服务企业的投诉。如物业服务企业没能履行物业服务合同中约定的有关条款，致使居住区的治安保卫服务没能到位；物业服务企业乱收物业管理费，维修基金管理混乱，且账目不公开等行为。（4）业主委员会、业主和物业使用人向有关专业管理部门的投诉。如因居住区内经常无故停水、停电，环卫部门没能定期清运垃圾，铺设地下管道而未使小区道路路面平整等情况，影响业主和使用人正常的生活和工作，致使向有关管理部门投诉。（5）业主委员会对业主和物业使用人的投诉。如因业主或物业使用人在装修时，损坏房屋承重结构或破坏房屋外貌，经业主委员会、物业服务企业劝阻无效的行为，而对其进行投诉。（6）物业服务企业对有关专业管理部门的投诉。如“统一管理、综合服务”的物业管理模式与各专业管理部门还存在分工不明，职责不清的矛盾，在具体矛盾出现的情况下，对有关专业管理部门进行投诉。（7）业主委员会、业主和物业使用人对房产开发商的投诉。如房产开发商所建造的房屋存在严重的质量问题或配套不到位问题，影响业主和使用人的生活和工作，致使对其进行投诉。（8）业主委员会、业主和物业使用人对物业管理主管部门的投诉。如物业所在地房地产管理部门或有关工作人员干扰组建业主委员会或变相指定物业服务企业等行为，对此提起投诉。

思维导图

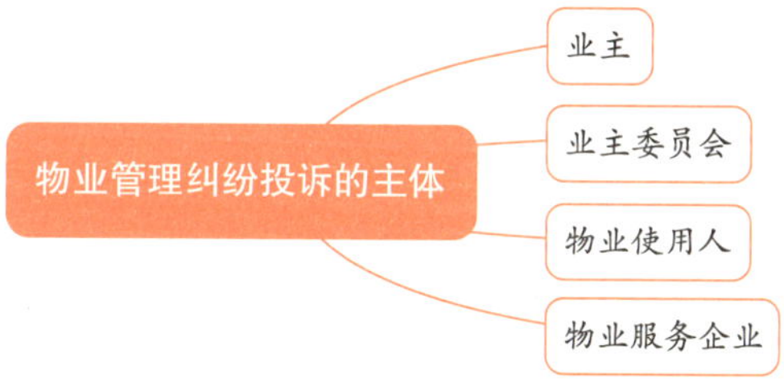

案例精析

李某、某区住房和城乡建设局不履行法定职责案

案号：（2020）鲁71行终208号
来源：中国裁判文书网

裁判要点

关于某区住建局在接到投诉后是否履行法定职责问题。根据《物业管理条例》第四十八条的规定，某区住房和城乡建设局于2019年7月3日接到上诉人反映小区物业收费不合理、物业服务不达标、地下车库未达到验收标准等问题的投诉后于8月20日召开听证会，9月6日将听证会的结论送达给上诉人，9月11日出具信访事项处理意见书。综上，某区住房和城乡建设局已就上诉人反映的问题进行了处理。关于某区住房和城乡建设局对监管过程中发现违规行为是否履行法定职责的问题。某区住房和城乡建设局在召开听证会的过程中发现物业服务企业非中标单位后，因其没有执法权，依据《山东省物业管理条例》《青岛市城市管理相对集中行政处罚权条例》的规定，提请具有执法权的部门进行处罚，作出《限期整改通知书》，并监督物业单位进行变更，业已履行了监管职责。原审法院认定某区住房和城乡建设局已履行了法定职责，判决驳回诉讼请求，符合法律规定。

第五章　物业的使用与维护

第四十九条 【改变公共建筑及共用设施用途的程序】

物业管理区域内按照规划建设的公共建筑和共用设施，不得改变用途。

业主依法确需改变公共建筑和共用设施用途的，应当在依法办理有关手续后告知物业服务企业；物业服务企业确需改变公共建筑和共用设施用途的，应当提请业主大会讨论决定同意后，由业主依法办理有关手续。

例如，业主不能在消防疏散楼梯内堆放杂物。消防疏散楼梯是物业区域内的共用设施，有特殊的用途，是用于事故发生时紧急疏散人群的，在正常情况下不得作为通行楼梯使用，也不得堆放杂物，造成堵塞等。

要点注释

业主依法确需改变公共建筑和共用设施用途的，应当在依法办理有关手续后告知物业服务企业；物业服务企业确需改变公共建筑和共用设施用途的，应当提请业主大会讨论决定同意后，由业主依法办理有关手续。

对公共建筑及共用设施用途加以改变属于对该等建筑及设施进行事实上的处分，而进行处分必须由有处分权的人进行或者至少经其授权。由于物业管理区域内的公共建筑及共用设施是由全体业主根据建筑物区分所有权的规则所共有的，因此，若必须改变这些公共建筑及共用设施的用途时，应当由全体业主共同决定。《物业管理条例》规定，业主行使对公共部分的所有权的方式是通过召开业主大会，经专有部分占建筑物总面积三分之二的业主且占总人数三分之二以上的业主同意的方式进行。业主需要改变这些建筑及设施时仅需经业主大会讨论同意并告知物业服务企业即可。由于物业服务企业并非物业的所有人，因此，其须改变这些建筑及设施时也必须经业主大会讨论通过。由于物业区域涉及公共利益，因此，对物业管理区域内的公共建筑及共用设施用途加以改变的还必须履行法定的手续。

关联规定

《民法典》

第二百七十四条

《最高人民法院关于审理建筑物区分所有权纠纷案件适用法律若干问题的解释》

第十四条

案例精析

1. 某城市管理行政执法局、蓝某非诉行政行为申请执行行政裁定案

案号：（2022）桂0202行审136号

来源：中国裁判文书网

裁判要点

申请执行人某城市管理行政执法局查明：被执行人擅自改变物业区域内按照规划建设的公共建筑和共用设施用途，以上行为违反了《物业管理条例》第四十九条的规定，为此，申请执行人于2022年2月22日作出《行政处罚决定书》，依据《物业管理条例》第六十三条的规定，决定对被执行人作出处罚。本院认为，依据《物业管理条例》第四十九条，被执行人擅自改变物业管理区域内按照规划建设的公共建筑和共用设施用途的行为已违反了上述法律规定。申请执行人据此对被执行人作出的行政处罚决定证据确凿，适用法律、法规正确。在作出行政处罚决定的过程中，申请执行人依法履行了立案、调查、审批及告知等程序，其行政处罚程序符合法律规定。

2. 周某某等36人诉重庆市某区规资局行政许可案

案号：（2020）渝03行终167号

来源：人民法院案例库2023-12-3-004-008

裁判要点

老旧住宅增设电梯许可审批中，业主对增设电梯不能达成一致意见的，行政机关应对异议进行实质调查，有必要的还应进行勘验、鉴定，以确定增设电梯是否存在侵害异议人专有部分使用权或相邻权等合法权益以及其他不予许可的法定情形。行政机关在未对异议进行调查的情况下，作出程序性复函要求业主协商一致，从事实上终止行政许可程序，没有事实和法律根据。

第五十条 【公共道路、场地的占用、挖掘】

业主、物业服务企业不得擅自占用、挖掘物业管理区域内的道路、场地，损害业主的共同利益。

因维修物业或者公共利益，业主确需临时占用、挖掘道路、场地的，应当征得业主委员会和物业服务企业的同意；物业服务企业确需临时占用、挖掘道路、场地的，应当征得业主委员会的同意。

业主、物业服务企业应当将临时占用、挖掘的道路、场地，在约定期限内恢复原状。

占用与挖掘是达到维修或者维护公共利益目的必需的不可或缺的手段。

要点注释

物业管理区域内的道路、场地属于全体业主所共有，应该由全体业主按照其通常用途加以使用。因此通常而言，单个业主以及物业服务企业均无权超出物业使用与服务的范围而擅自占用、挖掘道路、场地，否则就侵害了其他业主或者全体业主对于物业共有或者共用部分所享有的权利。但是在特殊情况下，业主或者物业服务企业可能需要临时占用与挖掘道路、场地。本条例对此限定在因为维修物业或者公共利益，并且是确需占用、挖掘的。除上述的前提条件外，还需获得业主或者物业服务企业的同意，双方应当就占用与挖掘的具体范围、方式、时间等做出安排。

思维导图

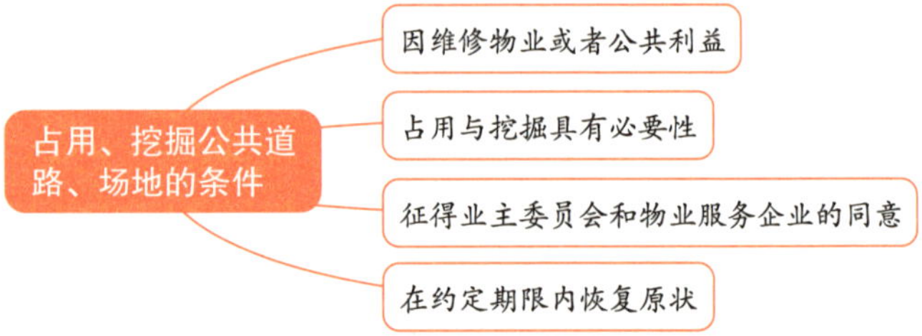

关联规定

《民法典》

第二百七十四条

案例精析

1. 物业公司分公司、赵某物业服务合同纠纷案

案号：（2023）桂民申 3657 号

来源：中国裁判文书网

裁判要点

根据原审查明的事实，再审申请人存在未经业主大会讨论决定擅自封闭架空层作为办公场所使用以及擅自建设电动车棚（铁棚）5087.08 平方米的行为，上述行为已被市综合行政执法局责令改正并作出行政处罚，且区人民政府也发出了《行政强制执行催告书》及《行政强制执行公告》。再审申请人主张 2020 年已经恢复架空层原貌和因业主原因而不拆除电动车棚，依据不足。再审申请人擅自改变小区按照规划建设的公共建筑和共用设施用途的行为，不仅违反了《物业管理条例》第四十九条“物业管理区域内按照规划建设的公共建筑和共用设施，不得改变用途……物业服务企业确需改变公共建筑和共用设施用途的，应当提请业主大会讨论决定同意后，由业主依法办理有关手续”和第五十条第一款“业主、物业服务企业不得擅自占用、挖掘物业管理区域内的道路、场地，损害业主的共同利益”的规定，也违反了案涉《前期物业服务合同》第二十七条第五点“对本物业的公用设施不得擅自占用或改变使用功能，如需在本物业内改扩建完善配套项目，须书面报甲方和有关部门并得到书面批准后方可实施”的约定，构成违约。

2. 覃某诉新疆某热力公司、某物业公司侵权责任纠纷案

案号：（2023）兵 01 民终 349 号

来源：人民法院案例库 2024-16-2-504-001

裁判要点

在公共场所或者道路上挖掘、修缮安装地下设施等造成他人损害，施工人不能证明已经设置明显标志和采取安全措施的，应当承担侵权责任。受害人是否系本小区居民，并不影响施工人侵权责任承担。双方均有过错的，按照各自过错承担相应责任。

第五十一条 【公用事业设施维护责任】

供水、供电、供气、供热、通信、有线电视等单位，应当依法承担物业管理区域内相关管线和设施设备维修、养护的责任。

前款规定的单位因维修、养护等需要，临时占用、挖掘道路、场地的，应当及时恢复原状。

要点注释

物业管理区域内相关管线和设施设备的维修、养护责任的划分，法律法规有规定的，依照其规定；法律法规没有规定的，应当通过合同约定来确定；没有合同或者合同没有约定的，由当事人协商解决；如果供水、供电、供气、供热、通信、有线电视等供应价格已包含了物业管理区域内相关管线和设施设备的维修、养护费用的，物业管理区域内相关管线和设施设备的维修、养护责任由相应的供应单位承担。这是因为，安装并维护这些管线设施是有关单位根据其与业主（即水、电、气、热、通信、有线电视的用户）所签订的供电、供水、供热、供气、通信、有线电视合同所承担的义务，是用户通过水费、电费、气费等向其支付的相关服务费用的对价。

思维导图

关联规定

《民法典》

第六百五十三条、第六百五十六条

案例精析

1. 供热公司、贾某等财产损害赔偿纠纷

案号：（2023）新 31 民终 990 号

来源：中国裁判文书网

裁判要点

本案系因位于某小区内 × 号楼一单元与二单元之间门面房后方室外的主管道爆裂导致跑水，爆裂管线系建筑物共用的供热设施，上诉人供热公司负有管理、维修、养护等责任。首先，供热管线爆裂漏水，并无证据证明供热公司、物业公司在事发前对案涉管线进行了定期检修与保养，也无证据证明二者对涉案管线采取过专门的防护措施，二者怠于履行管理义务的行为均可能导致本案漏水损害结果的发生，故对贾某因本案所受损害，二者均应承担相应的赔偿责任；其次，因供热公司对涉案供热管线的管理义务系现行法律法规明确规定，同时考虑到其对供热设施、管道管网等所具有的专业能力，应由其承担主要赔偿责任，即承担贾某财产损失的百分之八十的赔偿责任；物业公司具有管理涉案供热管线的便利条件，虽应在物业服务合同范围内提供相应的管线维护服务，但考虑其专业能力的限制，应由其承担次要责任，即承担贾某财产损失的百分之二十的赔偿责任。

2. 云和县某叶腊石矿诉某电力公司排除妨害纠纷案

案号：（2015）浙丽民终字第 189 号

来源：人民法院案例库 2023-11-2-039-001

裁判要点

在建设铁路、工厂、水库、输油管道、输电线路和各种大型建筑物或者建筑群之前，建设单位须向省级国土资源主管部门了解拟建工程所在地区的矿产资源分布和开采情况。非经国务院授权的部门批准，不得压覆重要矿床。矿床压覆人未经审批评估、与矿业权人签订补偿协议、办理矿产资源储量登记等法定程序，在采矿权人矿区范围内建设工程，压覆矿产资源，侵害了矿业权人的合法利益。但就侵权责任的承担方式而言，应综合考虑输电线路等国家重点建设工程关涉国家利益和社会公共利益，投资巨大并已投入运营等因素，不宜径行判令拆除。在矿业权人仅请求排除妨碍的情形下，人民法院应予以充分释明，告知其可另行主张适当的责任方式，兼顾国家利益、社会公共利益和矿业权人的合法权益，适应国家产业政策与社会经济发展需要。

第五十二条 【关于房屋装饰、装修的告知义务】

业主需要装饰装修房屋的，应当事先告知物业服务企业。

物业服务企业应当将房屋装饰装修中的禁止行为和注意事项告知业主。

根据《住宅室内装饰装修管理办法》的规定，住宅室内装饰装修活动，禁止下列行为：（1）未经原设计单位或者具有相应资质等级的设计单位提出设计方案，变动建筑主体和承重结构；（2）将没有防水要求的房间或者阳台改为卫生间、厨房间；（3）扩大承重墙上原有的门窗尺寸，拆除连接阳台的砖、混凝土墙体；（4）损坏房屋原有节能设施，降低节能效果；（5）其他影响建筑结构和使用安全的行为。

建筑主体，是指建筑实体的结构构造，包括屋盖、楼盖、梁、柱、支撑、墙体、连接接点和基础等。承重结构，是指直接将本身自重与各种外加作用力系统地传递给基础地基的主要结构构件和其连接接点，包括承重墙体、立杆、柱、框架柱、支墩、楼板、梁、屋架、悬索等。

装修人从事住宅室内装饰装修活动，未经批准，不得有下列行为：（1）搭建建筑物、构筑物；（2）改变住宅外立面，在非承重外墙上开门、窗；（3）拆改供暖管道和设施；（4）拆改燃气管道和设施。这里所列第（1）项、第（2）项行为，应当经城市规划行政主管部门批准；第（3）项行为，应当经供暖管理单位批准；第（4）项行为，应当经燃气管理单位批准。

要点注释

业主作为物业专有部分的所有人，原则上有权利处分自己专有部分的物业，当然包括装修装饰物业的权利。但是由于业主专有物业部分与其他业主的专有部分及共用部分紧密结合或者相邻，业主进行装修装饰施工时都会影响到其他业主的利益。因为装修装饰施工时会发出噪音、会产生大量的装修垃圾、可能会造成管道堵塞、渗漏水、停电、物品毁坏等侵害其他业主或居民的合法利益，因此法律必须对此进行调整。规定业主在装修装饰时应当遵循一定的准则，禁止一系列严重影响其他业主利益的行为。

思维导图

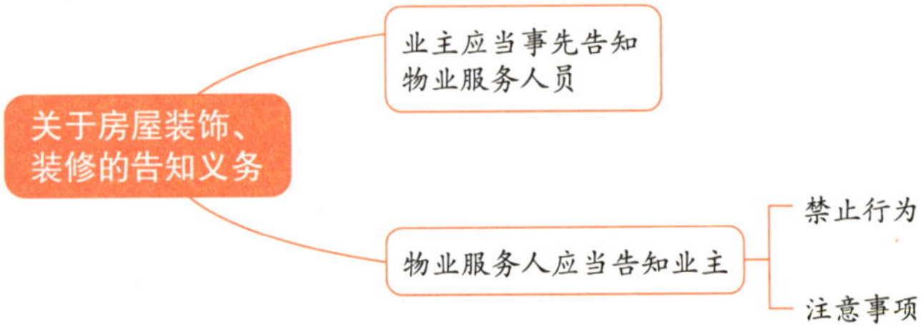

关联规定

《民法典》

第九百四十五条

《住宅室内装饰装修管理办法》

案例精析

1. 罗某某、段某某等与周某1、物业公司等生命权、身体权、健康权纠纷案

案号：（2023）云 08 民终 451 号

来源：中国裁判文书网

裁判要点

根据《民法典》第一千一百六十五条第一款规定，行为人因过错侵害他人民事权益造成损害的，应承担侵权责任。第一千一百七十四条规定，损害是因受害人故意造成的，行为人不承担责任。本案中，罗某、段某在对自己的房屋进行装修拆除护栏时应当注意到其行为可能会给他人带来生活上的影响和安全隐患，由于罗某、段某没有将其所使用的楼层关锁好，造成周某 1 上到该楼顶位置，后发生坠落情况。故罗某、段某对其拆除护栏的行为未尽到安全防范意识，对周某 1 的人身损害应承担相应的责任。

物业公司镇沅分公司作为某小区物业服务管理者，根据《物业管理条例》第三十五条的规定："物业服务企业应当按照物业服务合同的约定，提供相应的服务，物业服务企业未能履行物业服务合同的约定，导致业主人身、财产安全受到损害的，应当依法承担相应的法律责任。"《民法典》第九百四十二条规定，物业服务人应当按照约定和物业的使用性质，妥善维修、养护、清洁、绿化和经营管理物业服务区域内的业主共有部分，维护物业服务区域内的基本秩序，采取合理措施保护业主的人身、财产安全。本案中，涉案的七楼楼顶属业主共有部分，且罗某、段某在装修前向物业公司镇沅分公司报告，但未引起其足够重视，疏于管理，未尽安全管理义务，对此，物业公司镇沅分公司应对周某 1 的人身损害承担相应的责任。

2. 上海市浦东新区某物业公司与方某某物业纠纷调解案

来源：司法行政（法律服务）案例库[①]

案例点评

装修押金是在装修的时候物业公司收取的装修保证金，物业公司通常承诺在业主装修完毕经物业公司检查合格后，在一定时间内返还给业主。但是，《物业管理条例》等法律并未给予物业公司收取装修押金的权利，根据司法实践，多地法院均已认定收取装修保证金为不合法行为。本案中，调解员抓住纠纷症结，通过释法明晰双方权利义务，促使双方回归理性，依法解决了纠纷。

① 《上海市浦东新区某物业公司与方某某物业纠纷调解案》，载司法行政（法律服务）案例库，https://alk.12348.gov.cn/Detail?dbID=48&dbName=RTHZ&sysID=32086，2024 年 7 月 2 日访问。

第五十三条 【专项维修资金】

住宅物业、住宅小区内的非住宅物业或者与单幢住宅楼结构相连的非住宅物业的业主，应当按照国家有关规定交纳专项维修资金。

专项维修资金属于业主所有，专项用于物业保修期满后物业共用部位、共用设施设备的维修和更新、改造，不得挪作他用。

专项维修资金收取、使用、管理的办法由国务院建设行政主管部门会同国务院财政部门制定。

►根据《住宅专项维修资金管理办法》的规定，住宅专项维修资金，是指专项用于住宅共用部位、共用设施设备保修期满后的维修和更新、改造的资金。

►住宅共用部位，是指根据法律、法规和房屋买卖合同，由单幢住宅内业主或者单幢住宅内业主及与之结构相连的非住宅业主共有的部位，一般包括：住宅的基础、承重墙体、柱、梁、楼板、屋顶以及户外的墙面、门厅、楼梯间、走廊通道等。

►共用设施设备，是指根据法律、法规和房屋买卖合同，由住宅业主或者住宅业主及有关非住宅业主共有的附属设施设备，一般包括电梯、天线、照明、消防设施、绿地、道路、路灯、沟渠、池、井、非经营性车场车库、公益性文体设施和共用设施设备使用的房屋等。

►所谓更新和改造，是对共用部位、共用设施设备中坏旧部分的更换，以使其保持正常的使用或者不断提高其使用效能或使其具有新的效能。

要点注释

小区的物业维修基金属于业主所有，专项用于物业共用部位、共用设施设备的维修和更新、改造。物业服务企业对物业维修基金的使用应符合法定使用范围，否则构成侵权，依法要承担相应的侵权责任，将物业维修基金返还给小区全体业主。

从权利归属上说，专项维修基金的所有权属于业主。一方面，从物业管理基金的交纳主体来看，日常收取的物业维修资金是由业主在交纳物业服务费时一并交纳，由物业服务企业按月存入物业专项维修资金专户的。尽管首期归集的专项维修资金是由建设单位按照物业项目建筑安装工程总造价的一定比例划入指定的物业专项维修资金专户，但是其实质上还是业主在购买房屋时承担了相应的物业维修基金。另一方面，从物业维修基金的用途上也可以得出其所有权归业主所有的结论，因为物业维修基金是用于物业共用部位、共用设施设备的维修和更新、改造，而物业共用部位、共用设施的所有权属于业主，物业维修基金的所有权自然应当属于业主。

思维导图

关联规定

《民法典》

第二百八十一条

《住宅专项维修资金管理办法》

案例精析

某小区业主大会诉实业总公司业主共有权纠纷案

案号：（2011）沪二中民二（民）终字第1908号

来源：《最高人民法院公报》2017年第2期（总第244期）

裁判要点

专项维修资金是专门用于物业共用部位、共用设施设备保修期满后的维修和更新、改造的资金，属于全体业主共有。交纳专项维修资金是业主为维护建筑物的长期安全使用而应承担的一项法定义务。业主大会要求补缴维修资金的权利，是业主大会代表全体业主行使维护小区共同或公共利益之职责的管理权。如果允许某些业主不交纳维修资金而可享有以其他业主的维修资金维护共有部分而带来的利益，其他业主就有可能在维护共有部分上支付超出自己份额的金钱，这违背了公平原则，并将对建筑物的长期安全使用，对全体业主的共有或公共利益造成损害。基于专项维修资金的性质和业主交纳专项维修资金义务的性质，不依法自觉交纳专项维修资金的业主，并以业主大会起诉追讨专项维修资金已超过诉讼时效进行抗辩，该抗辩理由不能成立，人民法院不予支持。

第五十四条 【对共用部位、共用设备设施经营的收益】

利用物业共用部位、共用设施设备进行经营的，应当在征得相关业主、业主大会、物业服务企业的同意后，按照规定办理有关手续。业主所得收益应当主要用于补充专项维修资金，也可以按照业主大会的决定使用。

▶商业利用，主要有在楼顶上设立发射塔、移动通信的基站，利用外墙发布广告，将共用部位出租，将楼顶楼道或平台让与相邻业主使用搭建等。

▶对法律规定需要签订书面合同或办理登记过户手续的，如租赁合同的签订、地役权的设定等，并且要签订合同和办理相应的登记过户手续。

▶资金的变更使用属于重大事项，必须由业主大会决定，排除了业主委员会的决策权。

要点注释

原则上，各业主对于物业共用部位、共用设施设备在利用有剩余且不影响物业的使用和管理的情况下，可以经营。但是，如果进行商业经营，就超出了个人有权利用的范围。所以，利用共用部位、共用设施设备进行商业经营的，其利用决策权和收益权归全体业主享有。本条要求商业利用应当获得相关业主、业主大会、物业服务企业的同意，任何一方都不得擅自决定进行商业经营。

思维导图

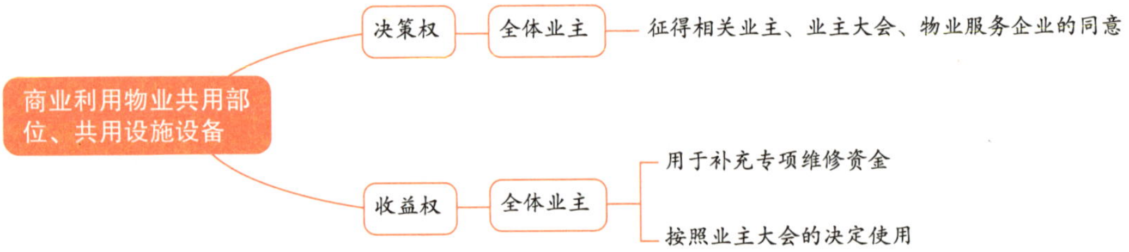

关联规定

《物业服务收费管理办法》

第十八条

《住宅专项维修资金管理办法》

第三条

《最高人民法院关于审理建筑物区分所有权纠纷案件适用法律若干问题的解释》

第十四条

案例精析

物业公司、某业主委员会合同纠纷案

案号：（2022）浙09民终404号

来源：中国裁判文书网

裁判要点

本案的争议焦点在于物业公司是否应向某业主委员会返还案涉物业用房和经营用房经营所得收益。根据《民法典》第二百八十二条及《物业管理条例》第五十四条的规定，本案中，双方对物业用房和经营用房属全体业主所有均无异议，故该部分业主共有房屋所产生的经营收益在扣除合理成本后理应归属全体业主。物业公司主张，根据案涉前期物业服务合同中“除办公用房外，多余的经营用房委托银某公司经营，经营收益补偿物业公司的物业管理费用”的约定，相关物业用房和经营用房的经营所得收益应归其所有。但实际上，从该条款的文义上看，该条约定仅明确相关经营收益补偿物业公司的物业管理费用，并不能理解为经营收益直接归属银某公司，故物业公司应对于其物业管理所支出费用需要通过该经营收益补偿承担举证证明责任。根据查明的事实，物业公司已按期如数收取了合同约定的物业管理费用。且，该公司也未举证证明存在需要用经营收益补充专项维修基金的情形，亦未举证证明经营收益全部归其所有已得到业主大会的同意。故，物业公司应将经营收益扣除合理成本后返还某业主委员会。

第五十五条 【责任人的维修养护义务】

物业存在安全隐患，危及公共利益及他人合法权益时，责任人应当及时维修养护，有关业主应当给予配合。

责任人不履行维修养护义务的，经业主大会同意，可以由物业服务企业维修养护，费用由责任人承担。

这里的责任人，主要是指房屋的产权人或者按照合同约定承担相关部位维修责任的单位和个人，还包括由于历史原因等特殊原因形成的房屋的实际使用者或者维修责任的承担者。

要点注释

该条把责任人与物业服务企业相并列，强调责任人不履行维修养护义务的，经业主大会同意，可以由物业服务企业维修养护。所以，该条的责任人，就不包括承担维修养护义务的物业服务企业本身。

应“责任人”主要包括两种情况。一种是业主的专有部分存在安全隐患、危及公共利益和他人安全的责任人，如阳台玻璃的安装不够牢固等。这部分的责任人是物业专有人，物业专有人对自己专有的部分，有义务维持其正常的安全状态。如果物业存在安全隐患，对公共利益和他人的合法利益造成危险的，区分所有人应该及时地维修养护。这种义务来源于所有权的行使本身，所有权人有权利在符合法律规定的范围内自由地使用自己的财产，但是，也有义务尊重他人的人身财产安全，确保物业的正常安全状态，如果物业存在安全隐患，业主就有义务及时加以维修养护。另外，如果第三人造成了业主专有部分的损害，那么，在对外关系上，物业专有人仍然是责任人，因为，其他业主很难知晓到底谁是具体的侵权人，也就无法行使相应的权利，它只能以物业专有人为责任人，要求其承担维修养护的义务。当然，物业专有人在承担责任之后，可以再向具体的侵权人追偿。这种责任具有依附于物业的性质，在业主将物业转让给第三人的时候，相关的责任也就由受让的第三人来承担。受让人因此遭受的损害只能由其再向出让人追偿。

另一种是对共有部分消除危险的责任。它也可以分为两种情况：（1）侵权责任人，对因自己的侵权行为造成物业危险的，如侵权人在对共有部分施工过程中，擅自破坏承重墙，破坏管道线路等，给他人或公共利益带来了危险或妨碍，作为业主代表的业主委员会有权要求侵权责任人恢复原状、消除危险、排除妨碍。（2）如果业主大会或业主委员会将某一项维修养护工作承包给物业服务企业以外的企业或个人，那么，该承包的企业或个人也是维修养护义务的责任人。在维修养护的过程中，如果需要利用相邻关系人的通道、阳台等，根据相邻关系法理，相邻人有提供必要的方便，予以协助配合的义务。

思维导图

案例精析

物业公司、丁某（业主）财产损害赔偿纠纷案

案号：（2022）苏07民终3275号

来源：中国裁判文书网

裁判要点

行为人因过错侵害他人民事权益造成损害的，应当承担侵权责任。经庭审调查及咨询空调安装、维修人员，本案丁某家空调返水原因系楼上住户将生活排水接入公共空调排水管道，因空调排水管道直径只有5厘米，头发、毛絮等杂物将10楼至11楼之间的管道堵塞无法下水，通过丁某空调排水管反水至丁某室内，因此本案具体侵权人应是楼上6家业主中的一户或者几户。但丁某在无法明确具体侵权人的情况下，要求物业公司承担管理责任，根据《物业管理条例》第五十五条的规定，某物业公司作为小区物业管理人，对小区内公共设施、公共管道具有管理维修的义务，在2020年11月第一次漏水时，物业公司应该发现楼上住户将生活用水接入空调排水管的问题，但其没有排查、告知住户移除排水管道，在疏通时也仅仅用细棍疏通，没有更换管道彻底清除堵塞物，导致管道在2022年2月完全堵塞返水至丁某家。物业公司在管理、维修公共管道时存在过错，应当承担损害赔偿责任。综合本案案情，酌定物业公司对丁某的损失承担40%的赔偿责任。

第六章　法律责任

第五十六条　【建设单位违法选聘物业服务企业的责任】

违反本条例的规定，住宅物业的建设单位未通过招投标的方式选聘物业服务企业或者未经批准，擅自采用协议方式选聘物业服务企业的，由县级以上地方人民政府房地产行政主管部门责令限期改正，给予警告，可以并处10万元以下的罚款。

规定在一定的时间内，纠正错误做法，包括恢复招投标，预先申请批准。

警告是对违法者予以告诫和谴责，申明其行为已经构成违法，要求其以后不再重犯，这是针对违法者声誉的一种处罚。

强制违法者在一定期限内向国家交纳一定数量货币而使其遭受一定经济利益损失的处罚形式。

要点注释

为了保护业主的合法权益，避免在业主、业主大会聘用新的物业服务企业之前，在物业前期服务过程中，建设单位和物业服务企业相互勾结，侵害业主合法权益的情况发生，针对目前建设单位私自选聘物业服务企业，导致所选聘的物业服务企业素质差，造成业主和物业服务企业之间纠纷不断的现状，本条例规定，国家提倡建设单位按照房地产开发与物业管理相分离的原则，通过招投标的方式选聘物业服务企业。住宅物业的建设单位，应当通过招投标方式选聘物业服务企业；投标人少于3个或住宅规模较小的，经物业所在地的区、县人民政府房地产行政主管部门批准，可以采用协议方式选聘物业服务企业。本条就是从法律责任的角度确保了本条例第二十四条的落实。

思维导图

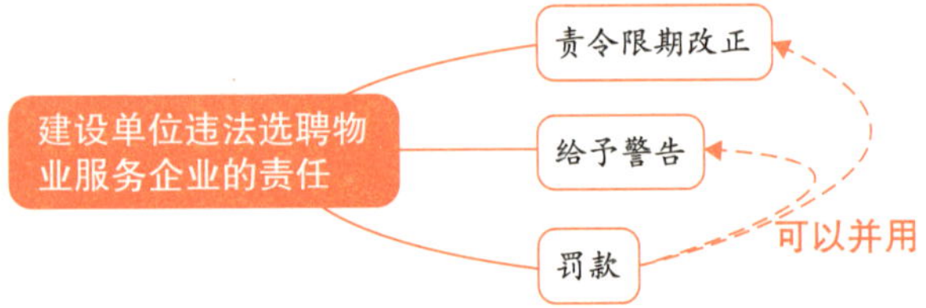

关联规定

《物业管理条例》

第二十四条

案例精析

1. 刘某与物业公司物业服务合同纠纷案

案号：（2023）鄂 12 民终 764 号

来源：中国裁判文书网

裁判要点

本案系物业服务合同纠纷，发生纠纷的主体为物业服务企业与业主。《物业管理条例》第二十四条第二款规定，住宅物业的建设单位，应当通过招投标的方式选聘具有相应资质的物业服务企业；投标人少于三个或者住宅规模较小的，经物业所在地的区、县人民政府房地产行政主管部门批准，可以采用协议方式选聘具有相应资质的物业服务企业。第五十七条规定，违反本条例的规定，住宅物业的建设单位未通过招投标的方式选聘物业服务企业或者未经批准，擅自采用协议方式选聘物业服务企业的，由县级以上地方人民政府房地产行政主管部门责令限期改正，给予警告，可以并处 10 万元以下的罚款。依照上述规定，即使咸宁市宏某房地产开发有限公司时代家园项目部违反规定未通过招投标的方式将案涉小区物业管理工作交给宏某公司，对小区进行物业服务管理，但是该行为并未违反法律、行政法规中关于合同效力性的强制性规定，不因此导致案涉《前期物业管理服务协议》《协议》无效，而只能由相关行政主管部门依照相关规定进行处理，给予该公司相应处理。

2. 开平某物业分公司诉陈某权、吴某桃物业服务合同纠纷案

案号：（2022）粤 07 民终 3418 号

来源：人民法院案例库 2023-16-2-121-008

裁判要点

因客观原因未能选举产生业主委员会的，新一届业主委员会产生之前，物业所在地的居民委员会可在政府的指导和监督下，代行业主委员会的职责，签订的物业服务合同对小区全部业主均具有法律约束力。

第五十七条 【建设单位擅自处分共用部位的责任】

违反本条例的规定，建设单位擅自处分属于业主的物业共用部位、共用设施设备的所有权或者使用权的，由县级以上地方人民政府房地产行政主管部门处5万元以上20万元以下的罚款；给业主造成损失的，依法承担赔偿责任。

擅自处分，是指建设单位在没有征得权利人同意的前提下，行使本应当由权利人行使的权利，包括转让、出租、抵押、赠与等各种情况，其共同特点是对财产权利的侵犯。

建设单位损害赔偿的民事责任的构成要件是：首先，侵权责任人的行为具有过错和违法性，即建设单位未经同意授权，擅自处分他人所共有的物业共用部位、共用设施设备的所有权或者使用权。其次，侵权人的侵权行为造成了业主的损失，包括直接损失和间接损失。前者指的是由于侵权人的处分行为导致的物业自身价值的减少。后者是指由于侵权行为而导致的物业业主无法使用、收益而遭受的可得利益损失。最后，损失和侵权人的侵权行为之间具有因果关系，正是由于侵权人的无权处分，导致了损失的发生。

要点注释

本条是建设单位擅自处分业主享有的物业管理区域内共用部位、共用设施设备的所有权或者使用权时所应承担的法律责任，这里的法律责任既包括行政责任也包括民事责任。转让业主依法享有的物业共用部位、共用设施设备，是一种严重的民事侵权行为。在物业管理领域，由于涉及物业管理区域内的众多业主，建设单位擅自处分业主拥有所有权或者使用权的共用部位、共用设施设备，已经侵犯了公共利益，构成了对行政管理秩序的破坏，所以应当给予行政处罚。

要明确的是，民事责任和行政责任并不互相排斥，行政责任是对国家承担的责任，带有惩罚性质；而赔偿的民事责任是对受侵害业主的责任，不具惩罚性，一般只有补偿性，目的是使业主的利益恢复到侵害未发生之前的状态。所以，行政责任的承担不影响民事责任，反之亦然。

思维导图

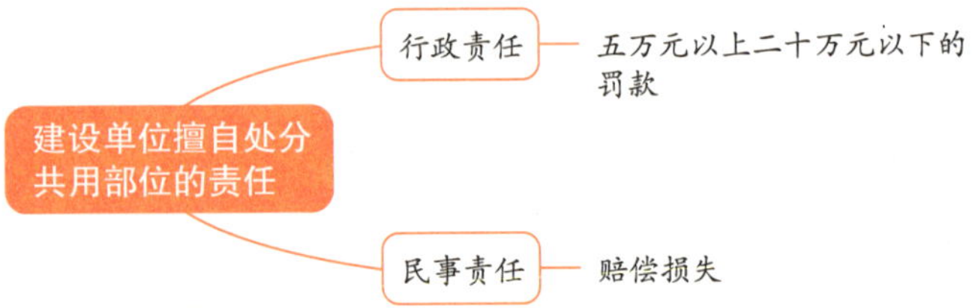

关联规定

《最高人民法院关于审理建筑物区分所有权纠纷案件适用法律若干问题的解释》

第十四条

案例精析

1. 房地产开发公司、市城市管理行政执法局城市规划管理（规划）纠纷案

案号：（2020）皖 05 行终 71 号

来源：中国裁判文书网

裁判要点

《物业管理条例》第二十七条规定，业主依法享有的物业共用部位、共用设施设备的所有权或者使用权，建设单位不得擅自处分。第五十七条规定，违反本条例的规定，建设单位擅自处分属于业主的物业共用部位、共用设施设备的所有权或者使用权的，由县级以上地方人民政府房地产行政主管部门处 5 万元以上 20 万元以下的罚款。给业主造成损失的，依法承担赔偿责任。《行政处罚法》第二十九条规定，违法行为在二年内未被发现的，不再给予行政处罚。法律另有规定的除外。前款规定的期限，从违法行为发生之日起计算。违法行为有连续或者继续状态的，从行为终了之日起计算。本案中，自行车库和物业管理用房系业主依法享有所有权或者使用权的物业共用部位、共用设施设备，自 2005 年某小区交付使用后至今未向业主移交，该事实状态处于持续过程中。房地产开发作为建设单位擅自处分物业共用部位、共用设施设备，违反上述规定。房地产开发至今仍未向业主移交物业共用部位、共用设施设备，其违法行为处于继续状态，对该违法行为的行政处罚时效，应从行为终了之日计算，即向业主移交之日计算，故本案未超过法定处罚时效。市城市管理行政执法局依照上述法律、法规，在法定处罚幅度内作出案涉行政处罚，处罚内容合理。

2. 浙江某建设集团有限公司与上饶市某房地产开发有限公司建设工程施工合同纠纷案

案号：（2016）赣民再 50 号

来源：人民法院案例库 2024-16-2-115-001

裁判要点

（1）在建设单位组织进行竣工验收时，按照法律法规的规定和合同约定提交相关验收材料并确认施工质量，是施工单位的法定义务和合同附随义务。

（2）在工程存在由建设单位另行单独发包的项目时，承包人有义务就自己施工的工程向发包人提交竣工验收资料，不能以竣工结算资料不完整作为不履行提交竣工结算资料义务的抗辩理由。

（3）建设外墙保温层系属于民用建筑节能施工的强制性规定，该法定义务既不能由发包方单方免除，也不能由发包方和施工方协议免除。建设单位与施工单位签订的免除外墙保温层施工的协议应当认定无效。

第五十八条 【拒不移交资料的行政责任】

违反本条例的规定，不移交有关资料的，由县级以上地方人民政府房地产行政主管部门责令限期改正；逾期仍不移交有关资料的，对建设单位、物业服务企业予以通报，处 1 万元以上 10 万元以下的罚款。

如竣工总平面图，单体建筑、结构、设备竣工图，配套设施、地下管网工程竣工图验收资料，设施设备的安装、使用和维护保养等技术资料，物业质量保修文件和物业使用说明文件等材料。

要点注释

房屋的建设资料对于物业管理来讲具有重要的意义。有关物业的资料是物业使用和维护所必需的基础资料，这些资料和相关的物业应当是一体的，其所有权应当属于全体业主。在业主大会成立以前，前期物业服务企业承担着物业管理区域的维修和养护责任，因此，建设单位应当将有关资料先移交给物业服务企业，由其代管。前期物业服务合同终止后，前期物业服务企业应当将这些资料移交业主委员会，业主委员会在业主大会选聘新的物业服务企业后，需要向新的物业服务企业提供这些资料，以便于其提供服务。在建设单位、物业服务企业、业主之间由于物业管理问题发生纠纷，更换物业服务主体时，常常出现掌握资料的一方拒不将资料移交给另一方的情况。由于这些资料是开展物业管理、对物业进行维修养护所必需的，如果掌握资料的一方拒不移交，将会给对方的工作造成许多障碍，所以，本条例特别规定了拒不移交的行政责任。

违反该义务的行政处罚措施主要有：通报和罚款。要注意的是，通报和罚款不适用于业主委员会。如果业主委员会在签订物业服务合同后不履行，拒不交纳资料，物业服务企业也只能依照《民法典》合同编的规定追究业主委员会的合同责任。由于物业服务企业的自身利益不涉及公共利益，对其利益的侵害不是对于公共利益的侵害，因此，不能设定行政责任，而只能以民事责任的方式对物业服务企业进行救济。

思维导图

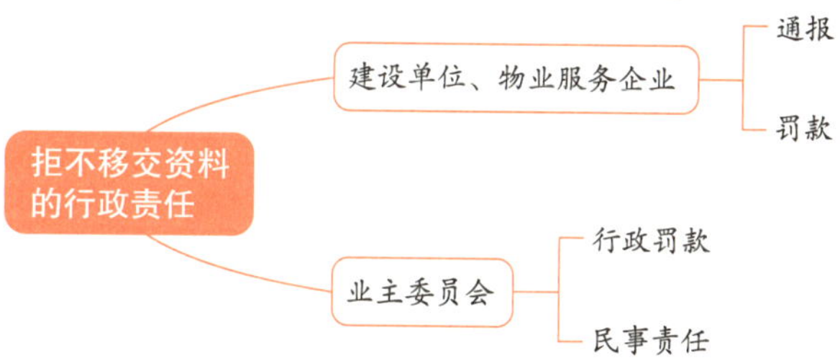

关联规定

《物业管理条例》

第二十九条、第三十六条、第三十八条

案例精析

某小区业主委员会与物业公司物业服务合同纠纷案

案号：（2020）湘10民终1767号

来源：中国裁判文书网

裁判要点

物业公司有义务将《物业管理条例》第二十九条和《湖南省物业管理条例》第四十五条规定的资料移交给业主委员会。根据本案查明的事实，某小区业主及某业主委员多次向市房产管理局反映要求物业公司办理承接查验备案手续，市房产管理局多次要求物业公司履行相应义务，否则承担相应法律责任，但物业公司仍回复因客观原因无法办理。无论是物业公司主观上不愿意还是客观上不能移交相关资料，物业公司以自己的行为表明其已事实上不能移交相关资料，根据《合同法》第一百一十条："当事人一方不履行非金钱债务或者履行非金钱债务不符合约定的，对方可以要求履行，但有下列情形之一的除外：（一）法律上或者事实上不能履行"之规定，因此一审法院驳回某业主委员会要求物业公司移交《物业管理条例》第二十九条和《湖南省物业管理条例》第四十五条规定的资料的诉讼请求，并无不当。但物业公司因其事实上不能移交相关资料，需承担相应的法律责任。《物业管理条例》第五十八条规定：违反本条例的规定，不移交有关资料的，由县级以上地方人民政府房地产行政主管部门责令限期改正；逾期仍不移交有关资料的，对建设单位、物业服务企业予以通报，处1万元以上10万元以下的罚款。《合同法》第一百零七条规定，当事人一方不履行合同义务或履行合同义务不符合约定的，应当承担继续履行、采取补救措施或者赔偿损失等违约责任。某业主委员会可依法向物业公司主张相应的权利。

第五十九条 【违反委托管理限制的责任】

违反本条例的规定，物业服务企业将一个物业管理区域内的全部物业管理一并委托给他人的，由县级以上地方人民政府房地产行政主管部门责令限期改正，处委托合同价款 30% 以上 50% 以下的罚款。委托所得收益，用于物业管理区域内物业共用部位、共用设施设备的维修、养护，剩余部分按照业主大会的决定使用；给业主造成损失的，依法承担赔偿责任。

此处所指的物业服务企业因违法委托行为所得的收益，是指本不属于业主所有，而由于物业服务企业违法委托而属于物业服务企业本身所有的收益的部分。

要点注释

本条规定的违法行为，是指物业服务企业将一个物业管理区域内的全部物业管理一并委托给他人。物业服务企业将一个物业管理区域内的全部物业管理一并委托给他人的，属于实施了擅自作为行为，应受到县级以上地方人民政府房地产行政主管部门的处罚：首先应当由行政机关责令其停止违法行为，将委托出去的物业服务业务收回，同时必须依法给予其罚款的行政处罚。其次如果给业主造成损失的，还要承担民事责任。

本条从保护业主利益的角度出发，规定物业服务企业因违法委托行为所得的收益，应用于物业管理区域内物业共用部位、共用设施设备的维修、养护，剩余部分按照业主大会的决定使用。也就是说，委托所得收益，不能由国家全部没收，在缴纳罚款后剩余部分应当为业主服务。

思维导图

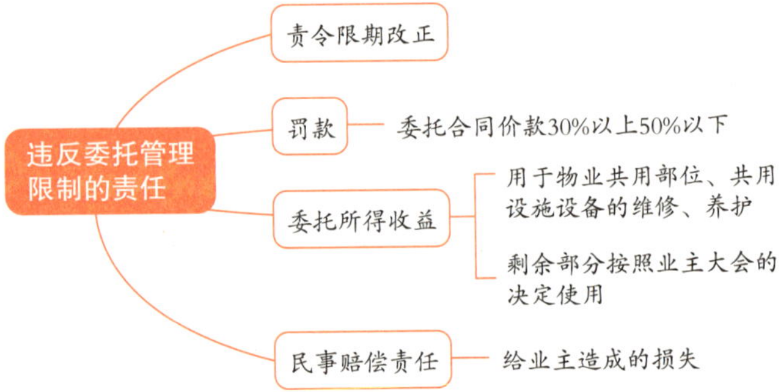

关联规定

《物业管理条例》

第三十九条

案例精析

1. 物业公司、杨某确认合同效力纠纷案

案号：（2021）青 01 民终 2352 号

来源：中国裁判文书网

裁判要点

根据《物业项目承包经营协议书》中“承包经营项目：某路建筑面积 5.2 万平方米的所有物业管理事宜”，承包方式：“所有物业管理收益均由乙方负责，独立核算，自收自支，自负盈亏”等约定可知，物业公司将其应当提供物业服务的区域内所有服务项目承包给杨某个人，该协议形式上为内部承包经营，其实质为物业服务转包合同，根据《民法典》第九百四十一条第二款及《物业管理条例》第五十九条的规定，该《物业项目承包经营协议书》因违反上述法律、法规的禁止性规定，应确认无效。另外，物业公司将其物业服务项目全部转包给杨某后，其自身不实际履行提供物业管理服务职责仅收取每年 150000 元的承包费用牟利，而承包人杨某系自然人不具有物业管理资质及提供物业管理服务的相应能力，导致广大业主实际享受的物业服务质量减损，损害了广大业主的合法利益，亦应确认为无效。

2. 上海某物业管理有限公司诉上海某置业有限公司物业服务合同纠纷案

案号：（2019）沪 0105 民初 12737 号

来源：人民法院案例库 2023-07-2-121-007

裁判要点

物业服务合同条款中就物业费标准等事项约定不明的，应适用合同漏洞填补规则，由当事人协商补充，若双方仍无法达成一致意见，则法院应遵循合理、公开以及费用与服务水平相适应的原则，结合行业惯例和交易习惯加以认定。

第六十条 【挪用专项维修资金的责任】

违反本条例的规定，挪用专项维修资金的，由县级以上地方人民政府房地产行政主管部门追回挪用的专项维修资金，给予警告，没收违法所得，可以并处挪用数额2倍以下的罚款；构成犯罪的，依法追究直接负责的主管人员和其他直接责任人员的刑事责任。

►根据本条例第五十三条的规定，专项维修资金属于业主所有，专项用于物业保修期满后物业共用部位、共用设施设备的维修和更新、改造，不得挪作他用。

►警告，是对违法者予以告诫和谴责，申明其行为已经构成违法，要求其以后不再重犯，这是针对违法者声誉的一种处罚。

►没收违法所得，即没收通过挪用专项维修资金所得的收益。

►这里有可能涉及的罪名是《刑法》第二百七十二条规定的挪用资金罪、第三百八十四条规定的挪用公款罪。

►罚款，即对于违法者实施一定的财产上的制裁措施，行政机关可以根据情况决定并处挪用资金二倍以下的罚款。而是否给予罚款要考虑违法者违法行为的性质、违法行为的主体等。

要点注释

专项维修资金的设立是为了对住房专项维修资金进行更好的管理，保障住房的维修和正常使用，维护住房专项维修资金所有者的合法权益。业主缴存的住房专项维修资金属于业主所有，并且，房屋的专项维修资金只能用于特定的用途，即房屋的维护和保养，挪用专项维修资金不仅侵犯了业主的权利，还破坏了行政管理秩序，所以本条规定了行政处罚，对于情节严重构成犯罪的，要追究其刑事责任。

从主体的不同来分，挪用专项维修资金有两种情况：一种是物业服务企业挪用，这是挪用行为的主要主体。物业服务企业具体负责物业管理区域内的维修和养护，实际使用专项维修资金的也是物业服务企业，因此，物业服务企业最有可能成为挪用专项维修资金的主体。另一种是个别业主挪用，这也是在实践中可能出现的一种挪用主体。维修资金归业主所有，这种所有是共同所有而不是个别业主所有，但在实践中总是由特定的业主负责管理维修资金，因此，个别业主也可能成为挪用专项维修资金的主体。而无论是哪一种主体挪用了专项维修资金，都应当按照本条的规定给予处罚。但是对于物业服务企业的处罚更重一些。

思维导图

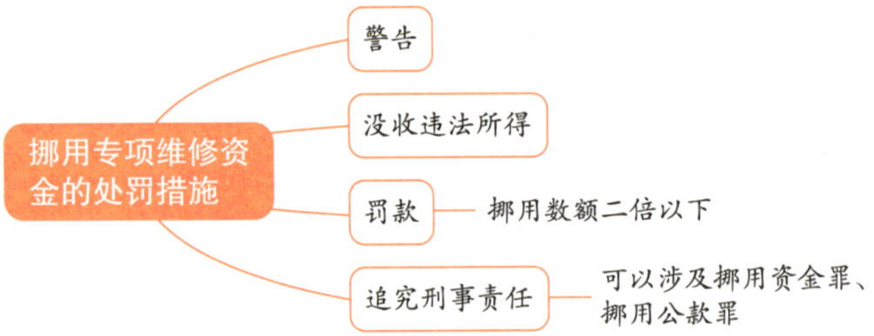

关联规定

《物业管理条例》

第五十三条

《刑法》

第二百七十二条、第三百八十四条

案例精析

1. 某小区业主委员会与物业公司物业服务合同纠纷案

案号：（2018）桂 09 民终 2329 号

来源：中国裁判文书网

裁判要点

根据《物业管理条例》第五十三条第二款和第六十条规定，已明确专项维修资金属于业主所有，并专项用于物业期满后物业共用部位、共用设施设备的维修和更新、改造等，不得挪作他用，否则将由行政主管部门予以惩处。公共设施的维修养护等日常支出费用不属于专项维修资金支出范围，上诉人提出上诉主张公共设施的维修养护等日常支出 55665.40 元从专项维修资金中相应扣减的上诉请求没有事实和法律依据，本院依法不予支持。

2. 王某浩挪用资金案

案号：（2018）粤 03 刑终 2326 号

来源：人民法院案例库 2023-03-1-227-001

裁判要点

业主委员会可以认定为《刑法》中的“其他单位”。业主委员会账户内资金属于挪用资金罪中“本单位资金”。行为人利用职务上的便利，挪用业主委员会账户内资金进行营利活动，同时借贷给他人、超过三个月未还的行为具有明显的社会危害性，符合挪用资金罪的构成要件。

第六十一条 【建设单位不配置物业管理用房的责任】

违反本条例的规定，建设单位在物业管理区域内不按照规定配置必要的物业管理用房的，由县级以上地方人民政府房地产行政主管部门责令限期改正，给予警告，没收违法所得，并处 10 万元以上 50 万元以下的罚款。

要点注释

物业服务企业是小区维护和管理的核心，而物业管理用房又是这个核心运作的场地所在，是对物业小区进行管理的必要设施。在物业管理区域内配置必要的物业管理用房是物业服务企业正常发挥物业管理职能的重要条件，是物业管理工作正常进行的前提，如办公设施、物品的存放等都是与一定的住房联系在一起的。没有相应的物业管理用房，物业服务企业将难以完成物业服务合同。由于住宅设施是在施工以前就已经规划好的，在房屋建成以后，很难对于居住区域的相应设施进行改造、重建。因此，物业管理只有与开发建设联系起来，才能更好地完善，这就要求建设单位在开发建设的时候应当为物业管理工作考虑，预先规划必要的物业管理用房，物业管理用房应当在建设时与住宅一同建设。相应地，其建设义务是由建设单位来承担的，因为此时还没有产生物业服务企业。对此，本条例第三十条规定，建设单位应当按照规定在物业管理区域内配置必要的物业管理用房。对于不能实现该义务的建设单位，即不按照规定配置必要物业管理用房，势必影响到物业管理工作的开展，损害物业管理区域内全体业主的合法权益的，应当承担相应的法律责任。因此，应当对于建设单位在物业管理区域内不按照规定配置必要的物业管理用房的行为进行处罚。

思维导图

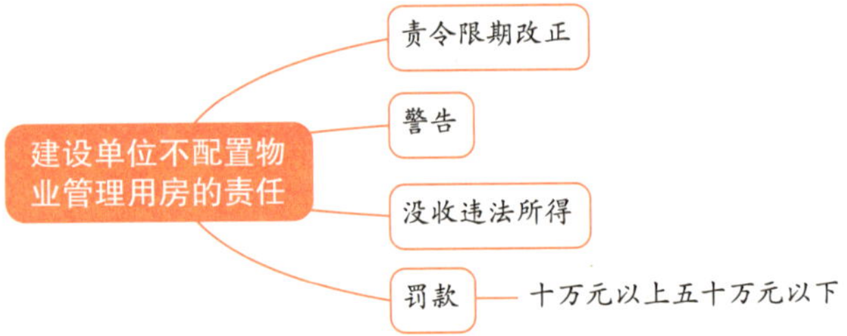

关联规定

《物业管理条例》

第三十条

案例精析

某小区业主委员会、房地产公司侵权责任纠纷案

案号：（2023）鲁 07 民终 413 号

来源：中国裁判文书网

裁判要点

本案争议焦点为本案是否因物业管理用房配置问题引起。依据查明的事实，某业主委员会提交的某小区 × 号楼图纸中该楼一层虽规划有四处物业管理用房，但该 × 号楼经建设施工并经过竣工验收合格及取得商品房预售许可证对外销售时，其一层均为商业用房十四套，已无四套物业用房，即某业主委员会提交的规划图纸的规划布局与某小区建设施工、竣工验收合格并批准销售的现有规划布局不一致，而非房地产公司将登记为物业管理用房的房屋占为己有。依据《物业管理条例》第六十一条规定，某业主委员会的诉讼请求属于有关行业主管部门负责指导、监督和管理的范畴，不属于人民法院受理民事案件的范围，对某业主委员会的起诉，应予驳回。

第六十二条 【擅自改变物业管理用房的用途的责任】

违反本条例的规定，未经业主大会同意，物业服务企业擅自改变物业管理用房的用途的，由县级以上地方人民政府房地产行政主管部门责令限期改正，给予警告，并处1万元以上10万元以下的罚款；有收益的，所得收益用于物业管理区域内物业共用部位、共用设施设备的维修、养护，剩余部分按照业主大会的决定使用。

这里所说的改变物业管理用房用途，是指将物业管理用房用作与物业管理无关的用途，和一般的房屋用途的改变并不一样，物业服务企业仍然将物业管理用房用作物业管理之用，而对房屋的具体用途加以改变的，并不构成本条所指的违法行为。

要点注释

由于物业管理用房对于业主的利益重大，因此，不仅建设单位要合理地设置物业管理用房，而且作为物业管理用房的使用单位——物业服务企业也要合理地使用物业管理用房，以便正常地履行物业管理合同。根据《物业管理条例》第三十七条的规定，物业管理用房的所有权依法属于业主。未经业主大会同意，物业服务企业不得改变物业管理用房的用途。物业管理用房是归业主所有，提供给物业服务企业专门用于物业管理使用的，擅自改变物业管理用房的性质，侵犯了业主的财产权利，同时也势必会影响到物业管理的质量，应当给予处罚。因此，《物业管理条例》规定了物业服务企业擅自改变物业管理用房用途的法律责任。

该条所规定的违法行为是物业服务企业未经业主大会同意而擅自改变物业管理用房的用途，其违法的主体是物业服务企业，而不是建设单位，这里要注意与《物业管理条例》第六十二条相区分。物业管理用房归业主所有，专门用于物业管理，如果物业服务企业确需改变物业管理用房的用途，法律并没有绝对地禁止，但是要向业主大会提出，业主大会经过一定的程序决定后可以改变，这是业主行使财产权利的一种形式，除此之外，无论业主或者物业服务企业都不能随意改变物业管理用房的用途。

思维导图

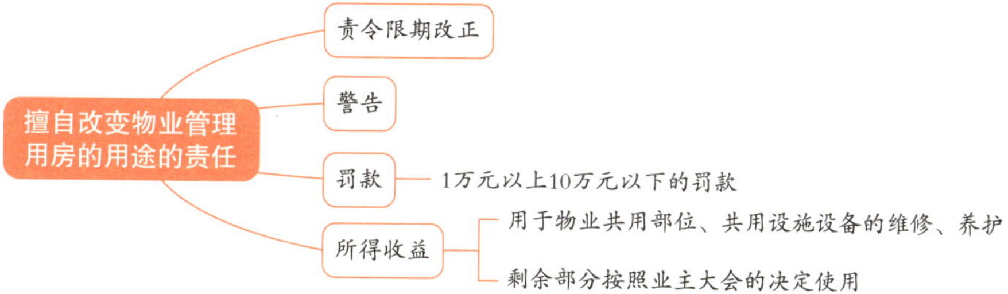

关联规定

《物业管理条例》

第三十七条

案例精析

物业公司与市住房和城乡建设局行政处罚纠纷案

案号：（2020）吉71行终126号

来源：中国裁判文书网

裁判要点

《物业管理条例》第三十七条、第六十二条规定，本案中，中某小区一直未成立业主大会，市住房和城乡建设局对物业公司涉嫌改变物业管理用房用途立案调查后，依法对该公司授权的工作人员进行了询问，并调取了相关现场证据，物业公司出具的情况说明及其工作人员在询问笔录中都明确表示物业公司将×号楼××号房屋借给中某地产作为办公室使用，改变了物业管理用房的用途，后在听证会上物业公司又表示物业管理用房由中某地产及中某物业公司共同使用，故市住房和城乡建设局认定物业公司在未经业主大会同意的情况下，存在改变物业管理用房的违法行为，认定事实清楚，证据充分。关于上诉人提出用车库作为物业管理用房补充的观点，与该公司前期询问笔录、情况说明中的内容及市住房和城乡建设局提供的现场照片证据相冲突，且物业公司在本院审理阶段表示业主在办理业务时都直接到车库去，这与物业公司提出车库只是物业补充用房的定位亦有冲突，故本院不予支持。

第六十三条　【擅自行为的责任】

违反本条例的规定，有下列行为之一的，由县级以上地方人民政府房地产行政主管部门责令限期改正，给予警告，并按照本条第二款的规定处以罚款；所得收益，用于物业管理区域内物业共用部位、共用设施设备的维修、养护，剩余部分按照业主大会的决定使用：

（一）擅自改变物业管理区域内按照规划建设的公共建筑和共用设施用途的；

（二）擅自占用、挖掘物业管理区域内道路、场地，损害业主共同利益的；

（三）擅自利用物业共用部位、共用设施设备进行经营的。

个人有前款规定行为之一的，处1000元以上1万元以下的罚款；单位有前款规定行为之一的，处5万元以上20万元以下的罚款。

要点注释

本条例第四十九条、第五十条、第五十四条规定了物业管理区域内公共建筑和共用设施、道路和场地等以及利用物业共用部位、共用设施设备进行经营的使用规则。违反这些规定，无论违法行为的主体是物业服务企业还是业主，侵害的都是全体业主的共同利益。因此，该条规定的法律责任不仅是物业服务企业应当承担的行政责任，而且对于业主而言，也要承担相应的行政责任。如果对于物业服务企业及业主以外的人存在这些行为的话，只能按照一般法的规定进行处理，而不适用本条例，因为其并没有赋予这些人以法律义务，当然也就不存在法律责任。至于这些人承担何种责任，则要看其具体行为的违法性，轻者可能是民事责任，重者可能是刑事责任。本条中违法行为的主体可能是多方面的，既可能是业主，也可能是物业服务企业，他们共同的特点是侵害了物业管理区域内的共同利益。只要违反了本条的规定，行政机关都应当责令限期改正、给予警告，并给予一定数额的罚款。

思维导图

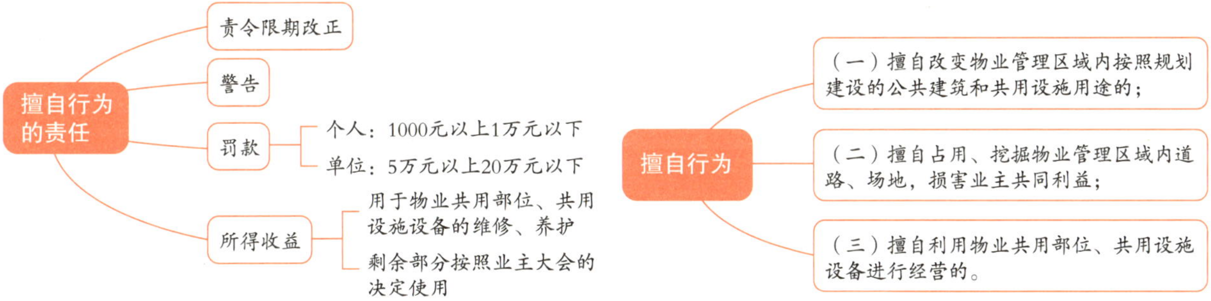

关联规定

《物业管理条例》

第四十九条至第五十条、第五十四条

《最高人民法院关于审理建筑物区分所有权纠纷案件适用法律若干问题的解释》

第十四条

案例精析

某城市管理行政执法局、蓝某非诉行政行为申请执行行政裁定案

案号：（2022）桂0202行审136号

来源：中国裁判文书网

裁判要点

依据《物业管理条例》第四十九条的规定，物业管理区域内按照规划建设的公共建筑和共用设施，不得改变用途。被执行人擅自改变物业管理区域内按照规划建设的公共建筑和共用设施用途的行为已违反了上述法律规定。申请执行人据此对被执行人作出的行政处罚决定证据确凿，适用法律、法规正确。在作出行政处罚决定的过程中，申请执行人依法履行了立案、调查、审批及告知等程序，其行政处罚程序符合法律规定。

第六十四条 【逾期不交纳物业服务费的责任】

违反物业服务合同约定，业主逾期不交纳物业服务费用的，业主委员会应当督促其限期交纳；逾期仍不交纳的，物业服务企业可以向人民法院起诉。

要点注释

该条规定的违法行为是指业主逾期不交纳物业服务费，违法主体是业主。业主的这种行为对于物业服务企业而言，业主享受了服务而不交纳服务费，是一种违约行为。与此同时，对于物业管理区域内其他业主而言，由于不交纳物业费的业主的这种违法行为将有可能损害其他业主的利益，也即实际上侵害了按时交费的业主的权益，是对业主共同利益的侵犯，所以业主逾期不交纳物业服务费用的，由业主委员会代表全体业主督促其限期交纳，体现了业主的自我管理、自我监督。对于仍不交纳的，按照《民事诉讼法》的有关规定，物业服务企业可以向人民法院提起诉讼，追究其违约责任，强制其交纳。

对于物业费的催交，《物业管理条例》虽然规定了物业服务企业起诉业主的权利，但是这里用的是“可以向人民法院起诉”，可见法律并没有排除其他解决纠纷的途径。诉讼作为最后的救济手段有自身的特点，既以国家的强制力进行保障，但是也有费时费力的缺点，因此，除此之外，当事人还可以选择其他救济途径。

根据我国有关法律法规的规定，对于物业服务费纠纷，可以采取除诉讼外以下几种方式进行解决：（1）当事人双方协商解决。由物业服务企业和业主双方在自愿、平等、互谅互让的基础上就物业服务费进行协商，以解决双方之间的争议。由于这种协商解决的方式体现了当事人意思自治的原则，有利于化解纠纷、平息争议，最大限度地避免双方的经济损失，维护双方的社会声誉，因此这种方式对于双方来说都是最有利的，一旦发生物业服务费纠纷，双方应尽量通过协商的方式妥善解决。（2）由物业管理协会或者其他第三方调解解决。随着物业管理协会组织建设的不断完善，其在物业管理行业中的地位和作用也在不断加强，物业服务费纠纷发生后，当事人可以在自愿的基础上请求物业管理协会进行调解，双方在物业管理协会代表的主持下解决各项争议并形成书面协议。此外，发生纠纷后，当事人也可以请求其他中立第三方进行调解。（3）提交仲裁委员会裁决。如果当事人双方在物业服务合同中明确约定发生争议提交仲裁委员会仲裁解决，或者在发生纠纷后双方达成仲裁协议的，任何一方当事人都可以将争议事项提交约定的仲裁委员会，由仲裁委员会作出具有法律约束力的裁决。由于仲裁委员会处于严格的中立地位，其作出的裁决具有很强的社会公信力，并且仲裁是当事人自愿作出的选择，有利于消除当事人之间的矛盾。但是我国实行“或裁或审”的原则，当事人一旦选择通过仲裁方式解决纠纷，就不得再向人民法院提起诉讼，因此在选择仲裁之前，双方当事人都应作充分考虑。

思维导图

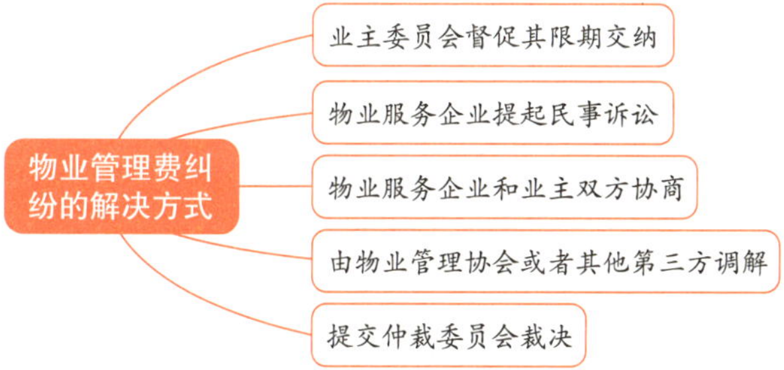

案例精析

置业公司、物业公司物业服务合同纠纷案

案号：（2023）皖17民终964号

来源：中国裁判文书网

裁判要点

现置业公司未及时支付物业服务费，已经构成违约，依法应承担违约责任。物业公司要求置业公司立即支付拖欠的2022年9月12日至2022年12月11日物业服务费230520.86元，一审法院予以支持；合同约定了违约条款，物业公司要求置业公司按照全国银行间同业拆借中心公布的一年期贷款市场报价利率的四倍支付利息，低于合同约定的违约标准，一审法院予以支持；除去必要的沟通时间，违约金（利息）起算时间从次年1月开始计算。置业公司辩称根据《最高人民法院关于审理物业服务纠纷案件具体应用法律若干问题的解释》第六条的规定，书面催讨是物业服务合同纠纷案件的前置程序，但该解释已被修改，一审法院不予采信。

本案二审主要争议焦点为原审判决置业公司自2023年1月1日起按照LPR（贷款市场报价利率）的4倍为标准支付物业公司延期付款利息是否适当。双方签订的物业服务合同合法有效，合同明确约定了逾期未交纳有关费用的，应从逾期之日起按每日万分之五支付违约金。物业公司已自行将违约金计取标准调低为按LPR的四倍计算利息，不违反法律规定，一审法院予以支持并无不当，二审亦不再酌减。置业公司上诉称物业公司起诉前未进行催告，经审查，2023年3月15日物业公司已向置业公司发送了《催款函》，且根据现行法律规定，物业公司起诉物业费无需经过催告程序。

第六十五条 【业主以业主大会或者业主委员会的名义从事违法活动的责任】

业主以业主大会或者业主委员会的名义，从事违反法律、法规的活动，构成犯罪的，依法追究刑事责任；尚不构成犯罪的，依法给予治安管理处罚。

如聚众闹事、斗殴，从事封建迷信活动，甚至可能走向有组织犯罪等。

这里涉及的刑法罪名主要有：防火、决水、爆炸、投毒或者以其他危险方法危害公共安全罪；破坏电力、易燃易爆设备罪；消防责任事故罪；聚众扰乱公共场所秩序罪；故意毁坏财物罪；妨害公务罪等。

物业自治管理组织可以向物业管理主管部门或其他主管部门反映，如城建监察、城市绿化、环境保护、交通、治安、供水、供电、供气等部门。由各主管部门对其进行查处，各主管部门自己发现的也可以主动查处，按照相关行政法律法规或规章的规定给予违法业主以行政处罚。如果业主拒绝、妨碍国家工作人员依法执行职务，但未使用暴力、威胁方法的，按照《治安管理处罚法》的规定处罚。

要点注释

业主大会应当代表和维护物业管理区域内全体业主在物业管理活动中的合法权益。业主大会、业主委员会应当依法履行职责，不得作出与物业管理无关的决定，不得从事与物业管理无关的活动。实践中存在一些业主利用业主大会或者业主委员会的名义，从事与物业管理无关的活动，甚至从事违反法律、法规的活动，虽然这些活动是以业主大会或者业主委员会的名义做出的，但是由于其与物业管理无关，并不能视为业主大会或者业主委员会的行为，其法律后果，应当由利用业主大会或者业主委员会的名义从事违法活动的业主承担。

业主因行政违法行为而承担行政法律责任，主要包括两种行为。一是擅自作为行为，指违反物业管理法规的禁为义务规范而擅自做出的行为。如业主在使用房屋过程中，擅自改变房屋结构、外貌和用途等。二是不履行法定应为义务的行为，指违反物业管理法规的作为义务规范不做出法规所要求的行为。

思维导图

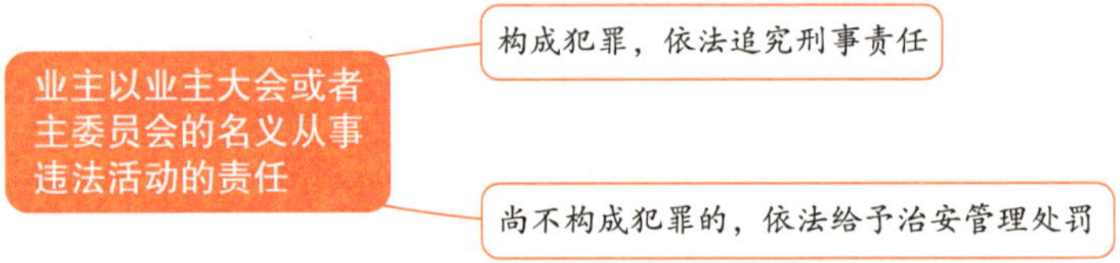

关联规定

《刑法》

第一百一十四条、第一百一十五条、第一百一十八条至第一百一十九条、第一百三十条、第一百三十九条、第一百九十一条、第二百七十五条、第二百七十七条、第三百八十八条

《治安管理处罚法》

第二十三条

案例精析

某大厦业主委员会诉孙某等返还原物纠纷案

案号：（2015）穗海法民三初字第 894 号

来源：中国裁判文书网

裁判要点

从本案诉讼主体和原告主张的事实和理由看，原告以上一届业主委员会的全体成员为被告提起本案诉讼，其实质是新一届业主委员会起诉上一届业主委员会，本案属于涉案小区业主先后选举的小区内部自治管理机构之间的纠纷；从原告的诉讼请求看，原告要求被告移交“属于原告包括但不限于以下的有关财产、文件资料、印章等”的诉讼请求属于概括性的诉讼请求，其列举的有关财产、文件资料也有部分采用了诸如“财务收入和支出的所有单据和资料”“所有会议记录及所有决议、决定”“全部备案资料”“其他有关……财物和资料等”等描述，相关诉讼请求并不具体；从原告的主张看，原告主张应追究上一届业主委员会成员的刑事责任或行政责任。

《业主大会和业主委员会指导规则》第四十八条规定：“业主委员会应当自任期届满之日起 10 日内，将其保管的档案资料、印章及其他属于业主大会所有的财物移交新一届业主委员会”；第五十六条第二款规定：“业主委员会任期届满后，拒不移交所保管的档案资料、印章及其他属于全体业主所有的财物的，新一届业主委员会可以请求物业所在地的公安机关协助移交。”《物业管理条例》第六十八条规定：“业主以业主大会或者业主委员会的名义，从事违反法律、法规的活动，构成犯罪的，依法追究刑事责任；尚不构成犯罪的，依法给予治安管理处罚。”据此，结合本案的实际情况，本案并不符合民事诉讼的起诉条件，本案宜由原告另行请求相关部门予以解决。对原告的起诉，本院予以驳回。

第六十六条 【公务人员违法行为的责任】

违反本条例的规定，国务院建设行政主管部门、县级以上地方人民政府房地产行政主管部门或者其他有关行政管理部门的工作人员利用职务上的便利，收受他人财物或者其他好处，不依法履行监督管理职责，或者发现违法行为不予查处，构成犯罪的，依法追究刑事责任；尚不构成犯罪的，依法给予行政处分。

►这里涉及的刑法罪名可能有：滥用职权罪、玩忽职守罪

思维导图

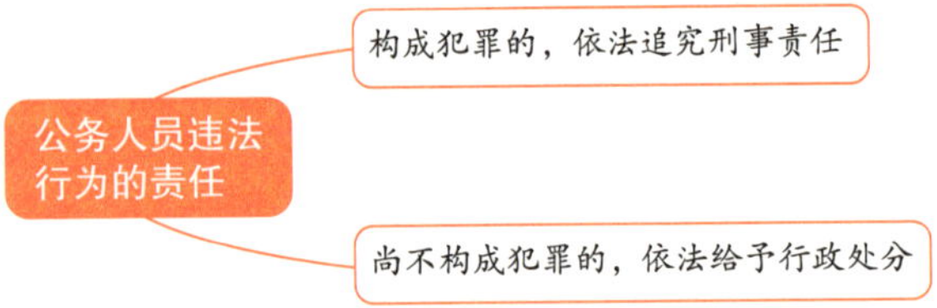

关联规定

《刑法》

第三百九十七条

第七章　附　　则

第六十七条 【施行时间】

本条例自2003年9月1日起施行。

案例精析

物业公司、陈某物业服务合同纠纷案

案号：（2019）黔03民终51

来源：中国裁判文书网

裁判要点

2015年9月30日陈某与物业公司签订《某公司前期物业服务协议》，载明陈某使用物业建筑面积为580.21平方米，物业服务费自物业交付之日起计算，每月每平方米2.60元计算。依照《最高人民法院关于审理物业服务纠纷案件具体应用法律若干问题的解释》第一条和《物业管理条例》第六十七条的规定，物业公司与陈某签订的《某公司前期物业服务协议》对双方均具有约束力，物业公司提供了物业管理服务后，陈某理应及时按合同约定支付物业服务费。

最高人民法院关于审理物业服务纠纷案件适用法律若干问题的解释

（2009年4月20日最高人民法院审判委员会第1466次会议通过　根据2020年12月23日最高人民法院审判委员会第1823次会议通过的《最高人民法院关于修改〈最高人民法院关于在民事审判工作中适用《中华人民共和国工会法》若干问题的解释〉等二十七件民事类司法解释的决定》修正　2020年12月29日最高人民法院公告公布　自2021年1月1日起施行　法释〔2020〕17号）

为正确审理物业服务纠纷案件，依法保护当事人的合法权益，根据《中华人民共和国民法典》等法律规定，结合民事审判实践，制定本解释。

第一条　业主违反物业服务合同或者法律、法规、管理规约，实施妨碍物业服务与管理的行为，物业服务人请求业主承担停止侵害、排除妨碍、恢复原状等相应民事责任的，人民法院应予支持。

第二条　物业服务人违反物业服务合同约定或者法律、法规、部门规章规定，擅自扩大收费范围、提高收费标准或者重复收费，业主以违规收费为由提出抗辩的，人民法院应予支持。

业主请求物业服务人退还其已经收取的违规费用的，人民法院应予支持。

第三条　物业服务合同的权利义务终止后，业主请求物业服务人退还已经预收，但尚未提供物业服务期间的物业费的，人民法院应予支持。

第四条　因物业的承租人、借用人或者其他物业使用人实施违反物业服务合同，以及法律、法规或者管理规约的行为引起的物业服务纠纷，人民法院可以参照关于业主的规定处理。

第五条　本解释自2009年10月1日起施行。

本解释施行前已经终审，本解释施行后当事人申请再审或者按照审判监督程序决定再审的案件，不适用本解释。

最高人民法院关于审理建筑物区分所有权纠纷案件适用法律若干问题的解释

（2009年3月23日最高人民法院审判委员会第1464次会议通过　根据2020年12月23日最高人民法院审判委员会第1823次会议通过的《最高人民法院关于修改〈最高人民法院关于在民事审判工作中适用《中华人民共和国工会法》若干问题的解释〉等二十七件民事类司法解释的决定》修正　2020年12月29日最高人民法院公告公布　自2021年1月1日起施行　法释〔2020〕17号）

为正确审理建筑物区分所有权纠纷案件，依法保护当事人的合法权益，根据《中华人民共和国民法典》等法律的规定，结合民事审判实践，制定本解释。

第一条 依法登记取得或者依据民法典第二百二十九条至第二百三十一条规定取得建筑物专有部分所有权的人，应当认定为民法典第二编第六章所称的业主。

基于与建设单位之间的商品房买卖民事法律行为，已经合法占有建筑物专有部分，但尚未依法办理所有权登记的人，可以认定为民法典第二编第六章所称的业主。

第二条 建筑区划内符合下列条件的房屋，以及车位、摊位等特定空间，应当认定为民法典第二编第六章所称的专有部分：

（一）具有构造上的独立性，能够明确区分；

（二）具有利用上的独立性，可以排他使用；

（三）能够登记成为特定业主所有权的客体。

规划上专属于特定房屋，且建设单位销售时已经根据规划列入该特定房屋买卖合同中的露台等，应当认定为前款所称的专有部分的组成部分。

本条第一款所称房屋，包括整栋建筑物。

第三条 除法律、行政法规规定的共有部分外，建筑区划内的以下部分，也应当认定为民法典第二编第六章所称的共有部分：

（一）建筑物的基础、承重结构、外墙、屋顶等基本结构部分，通道、楼梯、大堂等公共通行部分，消防、公共照明等附属设施、设备，避难层、设备层或者设备间等结构部分；

（二）其他不属于业主专有部分，也不属于市政公用部分或者其他权利人所有的场所及设施等。

建筑区划内的土地，依法由业主共同享有建设用地使用权，但属于业主专有的整栋建筑物的规划占地或者城镇公共道路、绿地占地除外。

第四条 业主基于对住宅、经营性用房等专有部分特定使用功能的合理需要，无偿利用屋顶以及与其专有部分相对应的外墙面等共有部分的，不应认定为侵权。但违反法律、法规、管理规约，损害他人合法权益的除外。

第五条 建设单位按照配置比例将车位、车库，以出售、附赠或者出租等方式处分给业主的，应当认定其行为符合民法典第二百七十六条有关“应当首先满足业主的需要”的规定。

前款所称配置比例是指规划确定的建筑区划内规划用于停放汽车的车位、车库与房屋套数的比例。

第六条 建筑区划内在规划用于停放汽车的车位之外，占用业主共有道路或者其他场地增设的车位，应当认定为民法典第二百七十五条第二款所称的车位。

第七条 处分共有部分，以及业主大会依法决定或者管理规约依法确定应由业主共同决定的事项，应当认定为民法典第二百七十八条第一款第（九）项规定的有关共有和共同管理权利的“其他重大事项”。

第八条 民法典第二百七十八条第二款和第二百八十三条规定的专有部分面积可以按照不动产登记簿记载的面积计算；尚未进行物权登记的，暂按测绘机构的实测面积计算；尚未进行实测的，暂按房屋买卖合同记载的面积计算。

第九条 民法典第二百七十八条第二款规定的业主人数可以按照专有部分的数量计算，一个专有部分按一人计算。但建设单位尚未出售和虽已出售但尚未交付的部分，以及同一买受人拥有一个以上专有部分的，按一人计算。

第十条 业主将住宅改变为经营性用房，未依据民法典第二百七十九条的规定经有利害关系的业主一致同意，有利害关系的业主请求排除妨害、消除危险、恢复原状或者赔偿损失的，人民法院应予支持。

将住宅改变为经营性用房的业主以多数有利害关系的业主同意其行为进行抗辩的，人民法院不予支持。

第十一条 业主将住宅改变为经营性用房，本栋建筑物内的其他业主，应当认定为民法典第二百七十九条所称“有利害关系的业主”。建筑区划内，本栋建筑物之外的业主，主张与自己有利害关系的，应证明其房屋价值、生活质量受到或者可能受到不利影响。

第十二条 业主以业主大会或者业主委员会作出的决定侵害其合法权益或者违反了法律规定的程序为由，依据民法典第二百八十条第二款的规定请求人民法院撤销该决定的，应当在知道或者应当知道业主大会或者业主委员会作出决定之日起一年内行使。

第十三条 业主请求公布、查阅下列应当向业主公开的情况和资料的，人民法院应予支持：

（一）建筑物及其附属设施的维修资金的筹集、使用情况；

（二）管理规约、业主大会议事规则，以及业主大会或者业主委员会的决定及会议记录；

（三）物业服务合同、共有部分的使用和收益情况；

（四）建筑区划内规划用于停放汽车的车位、车库的处分情况；

（五）其他应当向业主公开的情况和资料。

第十四条 建设单位、物业服务企业或者其他管理人等擅自占用、处分业主共有部分、改变其使用功能或者进行经营性活动，权利人请求排除妨害、恢复原状、确认处分行为无效或者赔偿损失的，人民法院应予支持。

属于前款所称擅自进行经营性活动的情形，权利人请求建设单位、物业服务企业或者其他管理人等将扣除合理成本之后的收益用于补充专项维修资金或者业主共同决定的其他用途的，人民法院应予支持。行为人对成本的支出及其合理性承担举证责任。

第十五条 业主或者其他行为人违反法律、法规、国家相关强制性标准、管理规约，或者违反业主大会、业主委员会依法作出的决定，实施下列行为的，可以认定为民法典第二百八十六条第二款所称的其他“损害他人合法权益的行为”：

（一）损害房屋承重结构，损害或者违章使用电力、燃气、消防设施，在建筑物内放置危险、放射性物品等危及建筑物安全或者妨碍建筑物正常使用；

（二）违反规定破坏、改变建筑物外墙面的形状、颜色等损害建筑物外观；

（三）违反规定进行房屋装饰装修；

（四）违章加建、改建，侵占、挖掘公共通道、道路、场地或者其他共有部分。

第十六条 建筑物区分所有权纠纷涉及专有部分的承租人、借用人等物业使用人的，参照本解释处理。

专有部分的承租人、借用人等物业使用人，根据法律、法规、管理规约、业主大会或者业主委员会依法作出的决定，以及其与业主的约定，享有相应权利，承担相应义务。

第十七条 本解释所称建设单位，包括包销期满，按照包销合同约定的包销价格购买尚未销售的物业后，以自己名义对外销售的包销人。

第十八条 人民法院审理建筑物区分所有权案件中，涉及有关物权归属争议的，应当以法律、行政法规为依据。

第十九条 本解释自2009年10月1日起施行。

因物权法施行后实施的行为引起的建筑物区分所有权纠纷案件，适用本解释。

本解释施行前已经终审，本解释施行后当事人申请再审或者按照审判监督程序决定再审的案件，不适用本解释。

业主大会和业主委员会指导规则

（2009年12月1日　建房〔2009〕274号）

第一章　总　　则

第一条 为了规范业主大会和业主委员会的活动，维护业主的合法权益，根据《中华人民共和国物权法》、《物业管理条例》等法律法规的规定，制定本规则。

第二条 业主大会由物业管理区域内的全体业主组成，代表和维护物业管理区域内全体业主在物业管理活动中的合法权利，履行相应的义务。

第三条 业主委员会由业主大会依法选举产生，履行业主大会赋予的职责，执行业主大会决定的事项，接受业主的监督。

第四条 业主大会或者业主委员会的决定，对业主具有约束力。

业主大会和业主委员会应当依法履行职责，不得作出与物业管理无关的决定，不得从事与物业管理无关的活动。

第五条 业主大会和业主委员会，对业主损害他人合法权益和业主共同利益的行为，有权依照法律、法规以及管理规约，要求停止侵害、消除危险、排除妨害、赔偿损失。

第六条 物业所在地的区、县房地产行政主管部门和街道办事处、乡镇人民政府负责对设立业主大会和选举业主委员会给予指导和协助，负责对业主大会和业主委员会的日常活动进行指导和监督。

第二章　业主大会

第七条　业主大会根据物业管理区域的划分成立，一个物业管理区域成立一个业主大会。

只有一个业主的，或者业主人数较少且经全体业主同意，不成立业主大会的，由业主共同履行业主大会、业主委员会职责。

第八条　物业管理区域内，已交付的专有部分面积超过建筑物总面积 50% 时，建设单位应当按照物业所在地的区、县房地产行政主管部门或者街道办事处、乡镇人民政府的要求，及时报送下列筹备首次业主大会会议所需的文件资料：

（一）物业管理区域证明；

（二）房屋及建筑物面积清册；

（三）业主名册；

（四）建筑规划总平面图；

（五）交付使用共用设施设备的证明；

（六）物业服务用房配置证明；

（七）其他有关的文件资料。

第九条　符合成立业主大会条件的，区、县房地产行政主管部门或者街道办事处、乡镇人民政府应当在收到业主提出筹备业主大会书面申请后 60 日内，负责组织、指导成立首次业主大会会议筹备组。

第十条　首次业主大会会议筹备组由业主代表、建设单位代表、街道办事处、乡镇人民政府代表和居民委员会代表组成。筹备组成员人数应为单数，其中业主代表人数不低于筹备组总人数的一半，筹备组组长由街道办事处、乡镇人民政府代表担任。

第十一条　筹备组中业主代表的产生，由街道办事处、乡镇人民政府或者居民委员会组织业主推荐。

筹备组应当将成员名单以书面形式在物业管理区域内公告。业主对筹备组成员有异议的，由街道办事处、乡镇人民政府协调解决。

建设单位和物业服务企业应当配合协助筹备组开展工作。

第十二条　筹备组应当做好以下筹备工作：

（一）确认并公示业主身份、业主人数以及所拥有的专有部分面积；

（二）确定首次业主大会会议召开的时间、地点、形式和内容；

（三）草拟管理规约、业主大会议事规则；

（四）依法确定首次业主大会会议表决规则；

（五）制定业主委员会委员候选人产生办法，确定业主委员会委员候选人名单；

（六）制定业主委员会选举办法；

（七）完成召开首次业主大会会议的其他准备工作。

前款内容应当在首次业主大会会议召开 15 日前以书面形式在物业管理区域内公告。业主对公告内容有异议的，筹备组应当记录并作出答复。

第十三条　依法登记取得或者根据物权法第二章第三节规定

取得建筑物专有部分所有权的人，应当认定为业主。

基于房屋买卖等民事法律行为，已经合法占有建筑物专有部分，但尚未依法办理所有权登记的人，可以认定为业主。

业主的投票权数由专有部分面积和业主人数确定。

第十四条 业主委员会委员候选人由业主推荐或者自荐。筹备组应当核查参选人的资格，根据物业规模、物权份额、委员的代表性和广泛性等因素，确定业主委员会委员候选人名单。

第十五条 筹备组应当自组成之日起90日内完成筹备工作，组织召开首次业主大会会议。

业主大会自首次业主大会会议表决通过管理规约、业主大会议事规则，并选举产生业主委员会之日起成立。

第十六条 划分为一个物业管理区域的分期开发的建设项目，先期开发部分符合条件的，可以成立业主大会，选举产生业主委员会。首次业主大会会议应当根据分期开发的物业面积和进度等因素，在业主大会议事规则中明确增补业主委员会委员的办法。

第十七条 业主大会决定以下事项：

（一）制定和修改业主大会议事规则；

（二）制定和修改管理规约；

（三）选举业主委员会或者更换业主委员会委员；

（四）制定物业服务内容、标准以及物业服务收费方案；

（五）选聘和解聘物业服务企业；

（六）筹集和使用专项维修资金；

（七）改建、重建建筑物及其附属设施；

（八）改变共有部分的用途；

（九）利用共有部分进行经营以及所得收益的分配与使用；

（十）法律法规或者管理规约确定应由业主共同决定的事项。

第十八条 管理规约应当对下列主要事项作出规定：

（一）物业的使用、维护、管理；

（二）专项维修资金的筹集、管理和使用；

（三）物业共用部分的经营与收益分配；

（四）业主共同利益的维护；

（五）业主共同管理权的行使；

（六）业主应尽的义务；

（七）违反管理规约应当承担的责任。

第十九条 业主大会议事规则应当对下列主要事项作出规定：

（一）业主大会名称及相应的物业管理区域；

（二）业主委员会的职责；

（三）业主委员会议事规则；

（四）业主大会会议召开的形式、时间和议事方式；

（五）业主投票权数的确定方法；

（六）业主代表的产生方式；

（七）业主大会会议的表决程序；

（八）业主委员会委员的资格、人数和任期等；

（九）业主委员会换届程序、补选办法等；

（十）业主大会、业主委员会工作经费的筹集、使用和管理；

（十一）业主大会、业主委员会印章的使用和管理。

第二十条 业主拒付物业服务费，不缴存专项维修资金以及实施其他损害业主共同权益行为的，业主大会可以在管理规约和业主大会议事规则中对其共同管理权的行使予以限制。

第二十一条 业主大会会议分为定期会议和临时会议。

业主大会定期会议应当按照业主大会议事规则的规定由业主委员会组织召开。

有下列情况之一的，业主委员会应当及时组织召开业主大会临时会议：

（一）经专有部分占建筑物总面积20%以上且占总人数20%以上业主提议的；

（二）发生重大事故或者紧急事件需要及时处理的；

（三）业主大会议事规则或者管理规约规定的其他情况。

第二十二条 业主大会会议可以采用集体讨论的形式，也可以采用书面征求意见的形式；但应当有物业管理区域内专有部分占建筑物总面积过半数的业主且占总人数过半数的业主参加。

采用书面征求意见形式的，应当将征求意见书送交每一位业主；无法送达的，应当在物业管理区域内公告。凡需投票表决的，表决意见应由业主本人签名。

第二十三条 业主大会确定业主投票权数，可以按照下列方法认定专有部分面积和建筑物总面积：

（一）专有部分面积按照不动产登记簿记载的面积计算；尚未进行登记的，暂按测绘机构的实测面积计算；尚未进行实测的，暂按房屋买卖合同记载的面积计算；

（二）建筑物总面积，按照前项的统计总和计算。

第二十四条 业主大会确定业主投票权数，可以按照下列方法认定业主人数和总人数：

（一）业主人数，按照专有部分的数量计算，一个专有部分按一人计算。但建设单位尚未出售和虽已出售但尚未交付的部分，以及同一买受人拥有一个以上专有部分的，按一人计算；

（二）总人数，按照前项的统计总和计算。

第二十五条 业主大会应当在业主大会议事规则中约定车位、摊位等特定空间是否计入用于确定业主投票权数的专有部分面积。

一个专有部分有两个以上所有权人的，应当推选一人行使表决权，但共有人所代表的业主人数为一人。

业主为无民事行为能力人或者限制民事行为能力人的，由其法定监护人行使投票权。

第二十六条 业主因故不能参加业主大会会议的，可以书面委托代理人参加业主大会会议。

未参与表决的业主，其投票权数是否可以计入已表决的多数票，由管理规约或者业主大会议事规则规定。

第二十七条 物业管理区域内业主人数较多的，可以幢、单元、楼层为单位，推选一名业主代表参加业主大会会议，推选及表决办法应当在业主大会议事规则中规定。

第二十八条 业主可以书面委托的形式，约定由其推选的业主代表在一定期限内代其行使共同管理权，具体委托内容、期限、权限和程序由业主大会议事规则规定。

第二十九条 业主大会会议决定筹集和使用专项维修资金以及改造、重建建筑物及其附属设施的，应当经专有部分占建筑物总面积三分之二以上的业主且占总人数三分之二以上的业主同意；决定本规则第十七条规定的其他共有和共同管理权利事项的，应当经专有部分占建筑物总面积过半数且占总人数过半数的业主同意。

第三十条 业主大会会议应当由业主委员会作出书面记录并存档。

业主大会的决定应当以书面形式在物业管理区域内及时公告。

第三章　业主委员会

第三十一条 业主委员会由业主大会会议选举产生，由5至11人单数组成。业主委员会委员应当是物业管理区域内的业主，并符合下列条件：

（一）具有完全民事行为能力；

（二）遵守国家有关法律、法规；

（三）遵守业主大会议事规则、管理规约，模范履行业主义务；

（四）热心公益事业，责任心强，公正廉洁；

（五）具有一定的组织能力；

（六）具备必要的工作时间。

第三十二条 业主委员会委员实行任期制，每届任期不超过5年，可连选连任，业主委员会委员具有同等表决权。

业主委员会应当自选举之日起7日内召开首次会议，推选业主委员会主任和副主任。

第三十三条 业主委员会应当自选举产生之日起30日内，持下列文件向物业所在地的区、县房地产行政主管部门和街道办事处、乡镇人民政府办理备案手续：

（一）业主大会成立和业主委员会选举的情况；

（二）管理规约；

（三）业主大会议事规则；

（四）业主大会决定的其他重大事项。

第三十四条 业主委员会办理备案手续后，可持备案证明向公安机关申请刻制业主大会印章和业主委员会印章。

业主委员会任期内，备案内容发生变更的，业主委员会应当自变更之日起30日内将变更内容书面报告备案部门。

第三十五条 业主委员会履行以下职责：

（一）执行业主大会的决定和决议；

（二）召集业主大会会议，报告物业管理实施情况；

（三）与业主大会选聘的物业服务企业签订物业服务合同；

（四）及时了解业主、物业使用人的意见和建议，监督和协助物业服务企业履行物业服务合同；

（五）监督管理规约的实施；

（六）督促业主交纳物业服务费及其他相关费用；

（七）组织和监督专项维修资金的筹集和使用；

（八）调解业主之间因物业使用、维护和管理产生的纠纷；

（九）业主大会赋予的其他职责。

第三十六条 业主委员会应当向业主公布下列情况和资料：

（一）管理规约、业主大会议事规则；

（二）业主大会和业主委员会的决定；

（三）物业服务合同；

（四）专项维修资金的筹集、使用情况；

（五）物业共有部分的使用和收益情况；

（六）占用业主共有的道路或者其他场地用于停放汽车车位的处分情况；

（七）业主大会和业主委员会工作经费的收支情况；

（八）其他应当向业主公开的情况和资料。

第三十七条 业主委员会应当按照业主大会议事规则的规定及业主大会的决定召开会议。经三分之一以上业主委员会委员的提议，应当在 7 日内召开业主委员会会议。

第三十八条 业主委员会会议由主任召集和主持，主任因故不能履行职责，可以委托副主任召集。

业主委员会会议应有过半数的委员出席，作出的决定必须经全体委员半数以上同意。

业主委员会委员不能委托代理人参加会议。

第三十九条 业主委员会应当于会议召开 7 日前，在物业管理区域内公告业主委员会会议的内容和议程，听取业主的意见和建议。

业主委员会会议应当制作书面记录并存档，业主委员会会议作出的决定，应当有参会委员的签字确认，并自作出决定之日起 3 日内在物业管理区域内公告。

第四十条 业主委员会应当建立工作档案，工作档案包括以下主要内容：

（一）业主大会、业主委员会的会议记录；

（二）业主大会、业主委员会的决定；

（三）业主大会议事规则、管理规约和物业服务合同；

（四）业主委员会选举及备案资料；

（五）专项维修资金筹集及使用账目；

（六）业主及业主代表的名册；

（七）业主的意见和建议。

第四十一条 业主委员会应当建立印章管理规定，并指定专人保管印章。

使用业主大会印章，应当根据业主大会议事规则的规定或者业主大会会议的决定；使用业主委员会印章，应当根据业主委员会会议的决定。

第四十二条 业主大会、业主委员会工作经费由全体业主承担。工作经费可以由业主分摊，也可以从物业共有部分经营所得收益中列支。工作经费的收支情况，应当定期在物业管理区域内公告，接受业主监督。

工作经费筹集、管理和使用的具体办法由业主大会决定。

第四十三条 有下列情况之一的，业主委员会委员资格自行终止：

（一）因物业转让、灭失等原因不再是业主的；

（二）丧失民事行为能力的；

（三）依法被限制人身自由的；

（四）法律、法规以及管理规约规定的其他情形。

第四十四条 业主委员会委员有下列情况之一的，由业主委员会三分之一以上委员或者持有20%以上投票权数的业主提议，业主大会或者业主委员会根据业主大会的授权，可以决定是否终止其委员资格：

（一）以书面方式提出辞职请求的；

（二）不履行委员职责的；

（三）利用委员资格谋取私利的；

（四）拒不履行业主义务的；

（五）侵害他人合法权益的；

（六）因其他原因不宜担任业主委员会委员的。

第四十五条 业主委员会委员资格终止的，应当自终止之日起3日内将其保管的档案资料、印章及其他属于全体业主所有的财物移交业主委员会。

第四十六条 业主委员会任期内，委员出现空缺时，应当及时补足。业主委员会委员候补办法由业主大会决定或者在业主大会议事规则中规定。业主委员会委员人数不足总数的二分之一时，应当召开业主大会临时会议，重新选举业主委员会。

第四十七条 业主委员会任期届满前3个月，应当组织召开业主大会会议，进行换届选举，并报告物业所在地的区、县房地产行政主管部门和街道办事处、乡镇人民政府。

第四十八条 业主委员会应当自任期届满之日起10日内，将其保管的档案资料、印章及其他属于业主大会所有的财物移交新一届业主委员会。

第四章 指导和监督

第四十九条 物业所在地的区、县房地产行政主管部门和街道办事处、乡镇人民政府应当积极开展物业管理政策法规的宣传和教育活动，及时处理业主、业主委员会在物业管理活动中的投诉。

第五十条 已交付使用的专有部分面积超过建筑物总面积50%，建设单位未按要求报送筹备首次业主大会会议相关文件资料的，物业所在地的区、县房地产行政主管部门或者街道办事处、乡镇人民政府有权责令建设单位限期改正。

第五十一条 业主委员会未按业主大会议事规则的规定组织召开业主大会定期会议，或者发生应当召开业主大会临时会议的情况，业主委员会不履行组织召开会议职责的，物业所在地的区、县房地产行政主管部门或者街道办事处、乡镇人民政府可以责令业主委员会限期召开；逾期仍不召开的，可以由物业所在地的居民委员会在街道办事处、乡镇人民政府的指导和监督下组织召开。

第五十二条 按照业主大会议事规则的规定或者三分之一以上委员提议，应当召开业主委员会会议的，业主委员会主任、副主任无正当理由不召集业主委员会会议的，物业所在地的区、县房地产行政主管部门或者街道办事处、乡镇人民政府可以指定业主委员会其他委员召集业主委员会会议。

第五十三条 召开业主大会会议，物业所在地的区、县房地产行政主管部门和街道办事处、乡镇人民政府应当给予指导和协助。

第五十四条 召开业主委员会会议，应当告知相关的居民委员会，并听取居民委员会的建议。

在物业管理区域内，业主大会、业主委员会应当积极配合相关居民委员会依法履行自治管理职责，支持居民委员会开展工作，并接受其指导和监督。

第五十五条 违反业主大会议事规则或者未经业主大会会议和业主委员会会议的决定，擅自使用业主大会印章、业主委员会印章的，物业所在地的街道办事处、乡镇人民政府应当责令限期改正，并通告全体业主；造成经济损失或者不良影响的，应当依法追究责任人的法律责任。

第五十六条 业主委员会委员资格终止，拒不移交所保管的档案资料、印章及其他属于全体业主所有的财物的，其他业主委员会委员可以请求物业所在地的公安机关协助移交。

业主委员会任期届满后，拒不移交所保管的档案资料、印章及其他属于全体业主所有的财物的，新一届业主委员会可以请求物业所在地的公安机关协助移交。

第五十七条 业主委员会在规定时间内不组织换届选举的，物业所在地的区、县房地产行政主管部门或者街道办事处、乡镇人民政府应当责令其限期组织换届选举；逾期仍不组织的，可以由物业所在地的居民委员会在街道办事处、乡镇人民政府的指导和监督下，组织换届选举工作。

第五十八条 因客观原因未能选举产生业主委员会或者业主委员会委员人数不足总数的二分之一的，新一届业主委员会产生之前，可以由物业所在地的居民委员会在街道办事处、乡镇人民政府的指导和监督下，代行业主委员会的职责。

第五十九条 业主大会、业主委员会作出的决定违反法律法规的，物业所在地的区、县房地产行政主管部门和街道办事处、乡镇人民政府应当责令限期改正或者撤销其决定，并通告全体业主。

第六十条 业主不得擅自以业主大会或者业主委员会的名义从事活动。业主以业主大会或者业主委员会的名义，从事违反法律、法规的活动，构成犯罪的，依法追究刑事责任；尚不构成犯罪的，依法给予治安管理处罚。

第六十一条 物业管理区域内，可以召开物业管理联席会议。物业管理联席会议由街道办事处、乡镇人民政府负责召集，由区、县房地产行政主管部门、公安派出所、居民委员会、业主委员会和物业服务企业等方面的代表参加，共同协调解决物业管理中遇到的问题。

第五章　附　　则

第六十二条 业主自行管理或者委托其他管理人管理物业，成立业主大会，选举业主委员会的，可参照执行本规则。

第六十三条 物业所在地的区、县房地产行政主管部门与街道办事处、乡镇人民政府在指导、监督业主大会和业主委员会工作中的具体职责分工，按各省、自治区、直辖市人民政府有关规定执行。

第六十四条 本规则自2010年1月1日起施行。《业主大会规程》（建住房〔2003〕131号）同时废止。

住宅专项维修资金管理办法

（2007年12月4日建设部、财政部令第165号公布 自2008年2月1日起施行）

第一章 总 则

第一条 为了加强对住宅专项维修资金的管理，保障住宅共用部位、共用设施设备的维修和正常使用，维护住宅专项维修资金所有者的合法权益，根据《物权法》、《物业管理条例》等法律、行政法规，制定本办法。

第二条 商品住宅、售后公有住房住宅专项维修资金的交存、使用、管理和监督，适用本办法。

本办法所称住宅专项维修资金，是指专项用于住宅共用部位、共用设施设备保修期满后的维修和更新、改造的资金。

第三条 本办法所称住宅共用部位，是指根据法律、法规和房屋买卖合同，由单幢住宅内业主或者单幢住宅内业主及与之结构相连的非住宅业主共有的部位，一般包括：住宅的基础、承重墙体、柱、梁、楼板、屋顶以及户外的墙面、门厅、楼梯间、走廊通道等。

本办法所称共用设施设备，是指根据法律、法规和房屋买卖合同，由住宅业主或者住宅业主及有关非住宅业主共有的附属设施设备，一般包括电梯、天线、照明、消防设施、绿地、道路、路灯、沟渠、池、井、非经营性车场车库、公益性文体设施和共用设施设备使用的房屋等。

第四条 住宅专项维修资金管理实行专户存储、专款专用、所有权人决策、政府监督的原则。

第五条 国务院建设主管部门会同国务院财政部门负责全国住宅专项维修资金的指导和监督工作。

县级以上地方人民政府建设（房地产）主管部门会同同级财政部门负责本行政区域内住宅专项维修资金的指导和监督工作。

第二章 交 存

第六条 下列物业的业主应当按照本办法的规定交存住宅专项维修资金：

（一）住宅，但一个业主所有且与其他物业不具有共用部位、共用设施设备的除外；

（二）住宅小区内的非住宅或者住宅小区外与单幢住宅结构相连的非住宅。

前款所列物业属于出售公有住房的，售房单位应当按照本办法的规定交存住宅专项维修资金。

第七条 商品住宅的业主、非住宅的业主按照所拥有物业的建筑面积交存住宅专项维修资金，每平方米建筑面积交存首期住宅专项维修资金的数额为当地住宅建筑安装工程每平方米造价的

5% 至 8%。

直辖市、市、县人民政府建设（房地产）主管部门应当根据本地区情况，合理确定、公布每平方米建筑面积交存首期住宅专项维修资金的数额，并适时调整。

第八条 出售公有住房的，按照下列规定交存住宅专项维修资金：

（一）业主按照所拥有物业的建筑面积交存住宅专项维修资金，每平方米建筑面积交存首期住宅专项维修资金的数额为当地房改成本价的 2%。

（二）售房单位按照多层住宅不低于售房款的 20%、高层住宅不低于售房款的 30%，从售房款中一次性提取住宅专项维修资金。

第九条 业主交存的住宅专项维修资金属于业主所有。

从公有住房售房款中提取的住宅专项维修资金属于公有住房售房单位所有。

第十条 业主大会成立前，商品住宅业主、非住宅业主交存的住宅专项维修资金，由物业所在地直辖市、市、县人民政府建设（房地产）主管部门代管。

直辖市、市、县人民政府建设（房地产）主管部门应当委托所在地一家商业银行，作为本行政区域内住宅专项维修资金的专户管理银行，并在专户管理银行开立住宅专项维修资金专户。

开立住宅专项维修资金专户，应当以物业管理区域为单位设账，按房屋户门号设分户账；未划定物业管理区域的，以幢为单位设账，按房屋户门号设分户账。

第十一条 业主大会成立前，已售公有住房住宅专项维修资金，由物业所在地直辖市、市、县人民政府财政部门或者建设（房地产）主管部门负责管理。

负责管理公有住房住宅专项维修资金的部门应当委托所在地一家商业银行，作为本行政区域内公有住房住宅专项维修资金的专户管理银行，并在专户管理银行开立公有住房住宅专项维修资金专户。

开立公有住房住宅专项维修资金专户，应当按照售房单位设账，按幢设分账；其中，业主交存的住宅专项维修资金，按房屋户门号设分户账。

第十二条 商品住宅的业主应当在办理房屋入住手续前，将首期住宅专项维修资金存入住宅专项维修资金专户。

已售公有住房的业主应当在办理房屋入住手续前，将首期住宅专项维修资金存入公有住房住宅专项维修资金专户或者交由售房单位存入公有住房住宅专项维修资金专户。

公有住房售房单位应当在收到售房款之日起 30 日内，将提取的住宅专项维修资金存入公有住房住宅专项维修资金专户。

第十三条 未按本办法规定交存首期住宅专项维修资金的，开发建设单位或者公有住房售房单位不得将房屋交付购买人。

第十四条 专户管理银行、代收住宅专项维修资金的售房单位应当出具由财政部或者省、自治区、直辖市人民政府财政部门统一监制的住宅专项维修资金专用票据。

第十五条 业主大会成立后，应当按照下列规定划转业主交存的住宅专项维修资金：

（一）业主大会应当委托所在地一家商业银行作为本物业管理区域内住宅专项维修资金的专户管理银行，并在专户管理银行开立住宅专项维修资金专户。

开立住宅专项维修资金专户，应当以物业管理区域为单位设账，按房屋户门号设分户账。

（二）业主委员会应当通知所在地直辖市、市、县人民政府建设（房地产）主管部门；涉及已售公有住房的，应当通知负责管理公有住房住宅专项维修资金的部门。

（三）直辖市、市、县人民政府建设（房地产）主管部门或者负责管理公有住房住宅专项维修资金的部门应当在收到通知之日起 30 日内，通知专户管理银行将该物业管理区域内业主交存的住宅专项维修资金账面余额划转至业主大会开立的住宅专项维修资金账户，并将有关账目等移交业主委员会。

第十六条 住宅专项维修资金划转后的账目管理单位，由业主大会决定。业主大会应当建立住宅专项维修资金管理制度。

业主大会开立的住宅专项维修资金账户，应当接受所在地直辖市、市、县人民政府建设（房地产）主管部门的监督。

第十七条 业主分户账面住宅专项维修资金余额不足首期交存额 30% 的，应当及时续交。

成立业主大会的，续交方案由业主大会决定。

未成立业主大会的，续交的具体管理办法由直辖市、市、县人民政府建设（房地产）主管部门会同同级财政部门制定。

第三章 使　　用

第十八条 住宅专项维修资金应当专项用于住宅共用部位、共用设施设备保修期满后的维修和更新、改造，不得挪作他用。

第十九条 住宅专项维修资金的使用，应当遵循方便快捷、公开透明、受益人和负担人相一致的原则。

第二十条 住宅共用部位、共用设施设备的维修和更新、改造费用，按照下列规定分摊：

（一）商品住宅之间或者商品住宅与非住宅之间共用部位、共用设施设备的维修和更新、改造费用，由相关业主按照各自拥有物业建筑面积的比例分摊。

（二）售后公有住房之间共用部位、共用设施设备的维修和更新、改造费用，由相关业主和公有住房售房单位按照所交存住宅专项维修资金的比例分摊；其中，应由业主承担的，再由相关业主按照各自拥有物业建筑面积的比例分摊。

（三）售后公有住房与商品住宅或者非住宅之间共用部位、共用设施设备的维修和更新、改造费用，先按照建筑面积比例分摊到各相关物业。其中，售后公有住房应分摊的费用，再由相关业主和公有住房售房单位按照所交存住宅专项维修资金的比例分摊。

第二十一条 住宅共用部位、共用设施设备维修和更新、改造，涉及尚未售出的商品住宅、非住宅或者公有住房的，开发建设单位或者公有住房单位应当按照尚未售出商品住宅或者公有住房的建筑面积，分摊维修和更新、改造费用。

第二十二条 住宅专项维修资金划转业主大会管理前，需要使用住宅专项维修资金的，按照以下程序办理：

（一）物业服务企业根据维修和更新、改造项目提出使用建议；没有物业服务企业的，由相关业主提出使用建议；

（二）住宅专项维修资金列支范围内专有部分占建筑物总面积三分之二以上的业主且占总人数三分之二以上的业主讨论通过使用建议；

（三）物业服务企业或者相关业主组织实施使用方案；

（四）物业服务企业或者相关业主持有关材料，向所在地直辖市、市、县人民政府建设（房地产）主管部门申请列支；其中，动用公有住房住宅专项维修资金的，向负责管理公有住房住宅专项维修资金的部门申请列支；

（五）直辖市、市、县人民政府建设（房地产）主管部门或者负责管理公有住房住宅专项维修资金的部门审核同意后，向专户管理银行发出划转住宅专项维修资金的通知；

（六）专户管理银行将所需住宅专项维修资金划转至维修单位。

第二十三条 住宅专项维修资金划转业主大会管理后，需要使用住宅专项维修资金的，按照以下程序办理：

（一）物业服务企业提出使用方案，使用方案应当包括拟维修和更新、改造的项目、费用预算、列支范围、发生危及房屋安全等紧急情况以及其他需临时使用住宅专项维修资金的情况的处置办法等；

（二）业主大会依法通过使用方案；

（三）物业服务企业组织实施使用方案；

（四）物业服务企业持有关材料向业主委员会提出列支住宅专项维修资金；其中，动用公有住房住宅专项维修资金的，向负责管理公有住房住宅专项维修资金的部门申请列支；

（五）业主委员会依据使用方案审核同意，并报直辖市、市、县人民政府建设（房地产）主管部门备案；动用公有住房住宅专项维修资金的，经负责管理公有住房住宅专项维修资金的部门审核同意；直辖市、市、县人民政府建设（房地产）主管部门或者负责管理公有住房住宅专项维修资金的部门发现不符合有关法律、法规、规章和使用方案的，应当责令改正；

（六）业主委员会、负责管理公有住房住宅专项维修资金的部门向专户管理银行发出划转住宅专项维修资金的通知；

（七）专户管理银行将所需住宅专项维修资金划转至维修单位。

第二十四条 发生危及房屋安全等紧急情况，需要立即对住宅共用部位、共用设施设备进行维修和更新、改造的，按照以下规定列支住宅专项维修资金：

（一）住宅专项维修资金划转业主大会管理前，按照本办法第二十二条第四项、第五项、第六项的规定办理；

（二）住宅专项维修资金划转业主大会管理后，按照本办法第二十三条第四项、第五项、第六项和第七项的规定办理。

发生前款情况后，未按规定实施维修和更新、改造的，直辖市、市、县人民政府建设（房地产）主管部门可以组织代修，维修费用从相关业主住宅专项维修资金分户账中列支；其中，涉及已售公有住房的，还应当从公有住房住宅专项维修资金中列支。

第二十五条 下列费用不得从住宅专项维修资金中列支：

（一）依法应当由建设单位或者施工单位承担的住宅共用部位、共用设施设备维修、更新和改造费用；

（二）依法应当由相关单位承担的供水、供电、供气、供热、通讯、有线电视等管线和设施设备的维修、养护费用；

（三）应当由当事人承担的因人为损坏住宅共用部位、共用设施设备所需的修复费用；

（四）根据物业服务合同约定，应当由物业服务企业承担的住宅共用部位、共用设施设备的维修和养护费用。

第二十六条 在保证住宅专项维修资金正常使用的前提下，可以按照国家有关规定将住宅专项维修资金用于购买国债。

利用住宅专项维修资金购买国债，应当在银行间债券市场或者商业银行柜台市场购买一级市场新发行的国债，并持有到期。

利用业主交存的住宅专项维修资金购买国债的，应当经业主大会同意；未成立业主大会的，应当经专有部分占建筑物总面积三分之二以上的业主且占总人数三分之二以上业主同意。

利用从公有住房售房款中提取的住宅专项维修资金购买国债的，应当根据售房单位的财政隶属关系，报经同级财政部门同意。

禁止利用住宅专项维修资金从事国债回购、委托理财业务或者将购买的国债用于质押、抵押等担保行为。

第二十七条 下列资金应当转入住宅专项维修资金滚存使用：

（一）住宅专项维修资金的存储利息；

（二）利用住宅专项维修资金购买国债的增值收益；

（三）利用住宅共用部位、共用设施设备进行经营的，业主所得收益，但业主大会另有决定的除外；

（四）住宅共用设施设备报废后回收的残值。

第四章 监督管理

第二十八条 房屋所有权转让时，业主应当向受让人说明住宅专项维修资金交存和结余情况并出具有效证明，该房屋分户账中结余的住宅专项维修资金随房屋所有权同时过户。

受让人应当持住宅专项维修资金过户的协议、房屋权属证书、身份证等到专户管理银行办理分户账更名手续。

第二十九条 房屋灭失的，按照以下规定返还住宅专项维修资金：

（一）房屋分户账中结余的住宅专项维修资金返还业主；

（二）售房单位交存的住宅专项维修资金账面余额返还售房单位；售房单位不存在的，按照售房单位财务隶属关系，收缴同级国库。

第三十条 直辖市、市、县人民政府建设（房地产）主管部门，负责管理公有住房住宅专项维修资金的部门及业主委员会，应当每年至少一次与专户管理银行核对住宅专项维修资金账目，并向业主、公有住房售房单位公布下列情况：

（一）住宅专项维修资金交存、使用、增值收益和结存的总额；

（二）发生列支的项目、费用和分摊情况；

（三）业主、公有住房售房单位分户账中住宅专项维修资金交存、使用、增值收益和结存的金额；

（四）其他有关住宅专项维修资金使用和管理的情况。

业主、公有住房售房单位对公布的情况有异议的，可以要求复核。

第三十一条 专户管理银行应当每年至少一次向直辖市、市、县人民政府建设（房地产）主管部门，负责管理公有住房住宅专项维修资金的部门及业主委员会发送住宅专项维修资金对账单。

直辖市、市、县建设（房地产）主管部门，负责管理公有住房住宅专项维修资金的部门及业主委员会对资金账户变化情况有异议的，可以要求专户管理银行进行复核。

专户管理银行应当建立住宅专项维修资金查询制度，接受业主、公有住房售房单位对其分户账中住宅专项维修资金使用、增值收益和账面余额的查询。

第三十二条 住宅专项维修资金的管理和使用，应当依法接受审计部门的审计监督。

第三十三条 住宅专项维修资金的财务管理和会计核算应当执行财政部有关规定。

财政部门应当加强对住宅专项维修资金收支财务管理和会计核算制度执行情况的监督。

第三十四条 住宅专项维修资金专用票据的购领、使用、保存、核销管理，应当按照财政部以及省、自治区、直辖市人民政府财政部门的有关规定执行，并接受财政部门的监督检查。

第五章 法律责任

第三十五条 公有住房售房单位有下列行为之一的，由县级以上地方人民政府财政部门会同同级建设（房地产）主管部门责令限期改正：

（一）未按本办法第八条、第十二条第三款规定交存住宅专项维修资金的；

（二）违反本办法第十三条规定将房屋交付买受人的；

（三）未按本办法第二十一条规定分摊维修、更新和改造费用的。

第三十六条 开发建设单位违反本办法第十三条规定将房屋交付买受人的，由县级以上地方人民政府建设（房地产）主管部门责令限期改正；逾期不改正的，处以 3 万元以下的罚款。

开发建设单位未按本办法第二十一条规定分摊维修、更新和改造费用的，由县级以上地方人民政府建设（房地产）主管部门责令限期改正；逾期不改正的，处以 1 万元以下的罚款。

第三十七条 违反本办法规定，挪用住宅专项维修资金的，由县级以上地方人民政府建设（房地产）主管部门追回挪用的住宅专项维修资金，没收违法所得，可以并处挪用金额 2 倍以下的罚款；构成犯罪的，依法追究直接负责的主管人员和其他直接责任人员的刑事责任。

物业服务企业挪用住宅专项维修资金，情节严重的，除按前款规定予以处罚外，还应由颁发资质证书的部门吊销资质证书。

直辖市、市、县人民政府建设（房地产）主管部门挪用住宅专项维修资金的，由上一级人民政府建设（房地产）主管部门追回挪用的住宅专项维修资金，对直接负责的主管人员和其他直接责任人员依法给予处分；构成犯罪的，依法追究刑事责任。

直辖市、市、县人民政府财政部门挪用住宅专项维修资金的，由上一级人民政府财政部门追回挪用的住宅专项维修资金，对直接负责的主管人员和其他直接责任人员依法给予处分；构成犯罪的，依法追究刑事责任。

第三十八条 直辖市、市、县人民政府建设（房地产）主管部门违反本办法第二十六条规定的，由上一级人民政府建设（房地产）主管部门责令限期改正，对直接负责的主管人员和其他直接责任人员依法给予处分；造成损失的，依法赔偿；构成犯罪的，依法追究刑事责任。

直辖市、市、县人民政府财政部门违反本办法第二十六条规定的，由上一级人民政府财政部门责令限期改正，对直接负责的主管人员和其他直接责任人员依法给予处分；造成损失的，依法赔偿；构成犯罪的，依法追究刑事责任。

业主大会违反本办法第二十六条规定的，由直辖市、市、县人民政府建设（房地产）主管部门责令改正。

第三十九条 对违反住宅专项维修资金专用票据管理规定的行为，按照《财政违法行为处罚处分条例》的有关规定追究法律责任。

第四十条 县级以上人民政府建设（房地产）主管部门、财政部门及其工作人员利用职务上的便利，收受他人财物或者其他好处，不依法履行监督管理职责，或者发现违法行为不予查处的，依法给予处分；构成犯罪的，依法追究刑事责任。

第六章 附　　则

第四十一条 省、自治区、直辖市人民政府建设（房地产）主管部门会同同级财政部门可以依据本办法，制定实施细则。

第四十二条 本办法实施前，商品住宅、公有住房已经出售但未建立住宅专项维修资金的，应当补建。具体办法由省、自治区、直辖市人民政府建设（房地产）主管部门会同同级财政部门依据本办法制定。

第四十三条 本办法由国务院建设主管部门、财政部门共同解释。

第四十四条 本办法自2008年2月1日起施行，1998年12月16日建设部、财政部发布的《住宅共用部位共用设施设备维修基金管理办法》（建住房〔1998〕213号）同时废止。

业主临时公约（示范文本）

（2004年9月6日　建住房〔2004〕156号）

第一章 总　　则

第一条 根据《物业管理条例》和相关法律、法规、政策，建设单位在销售物业之前，制定本临时公约，对有关物业的使用、维护、管理，业主的共同利益，业主应当履行的义务，违反公约应当承担的责任等事项依法作出约定。

第二条　建设单位应当在物业销售前将本临时公约向物业买受人明示，并予以说明。

物业买受人与建设单位签订物业买卖合同时对本临时公约予以的书面承诺，表示对本临时公约内容的认可。

第三条　本临时公约对建设单位、业主和物业使用人均有约束力。

第四条　建设单位与物业管理企业签订的前期物业服务合同中涉及业主共同利益的约定，应与本临时公约一致。

第二章　物业基本情况

第五条　本物业管理区域内物业的基本情况

物业名称＿＿＿＿＿＿＿＿＿＿＿＿＿＿＿＿＿＿＿＿＿＿＿；

座落位置＿＿＿＿＿＿＿＿＿＿＿＿＿＿＿＿＿＿＿＿＿＿＿；

物业类型＿＿＿＿＿＿＿＿＿＿＿＿＿＿＿＿＿＿＿＿＿＿＿；

建筑面积＿＿＿＿＿＿＿＿＿＿＿＿＿＿＿＿＿＿＿＿＿＿＿。

物业管理区域四至：

东至＿＿＿＿＿＿＿＿＿＿＿＿＿＿＿＿＿＿＿＿＿＿＿＿＿；

南至＿＿＿＿＿＿＿＿＿＿＿＿＿＿＿＿＿＿＿＿＿＿＿＿＿；

西至＿＿＿＿＿＿＿＿＿＿＿＿＿＿＿＿＿＿＿＿＿＿＿＿＿；

北至＿＿＿＿＿＿＿＿＿＿＿＿＿＿＿＿＿＿＿＿＿＿＿＿＿。

第六条　根据有关法律法规和物业买卖合同，业主享有以下物业共用部位、共用设施设备的所有权：

1、由单幢建筑物的全体业主共有的共用部位，包括该幢建筑物的承重结构、主体结构，公共门厅、公共走廊、公共楼梯间、户外墙面、屋面、＿＿＿、＿＿＿、＿＿＿＿等；

2、由单幢建筑物的全体业主共有的共用设施设备，包括该幢建筑物内的给排水管道、落水管、水箱、水泵、电梯、冷暖设施、照明设施、消防设施、避雷设施、＿＿＿、＿＿＿、＿＿＿等；

3、由物业管理区域内全体业主共有的共用部位和共用设施设备，包括围墙、池井、照明设施、共用设施设备使用的房屋、物业管理用房、＿＿＿、＿＿＿、＿＿＿等。

第七条　在本物业管理区域内，根据物业买卖合同，以下部位和设施设备为建设单位所有：

1、＿＿＿＿＿＿＿＿＿＿＿＿＿＿＿＿＿＿＿＿＿＿＿＿＿；

2、＿＿＿＿＿＿＿＿＿＿＿＿＿＿＿＿＿＿＿＿＿＿＿＿＿；

3、＿＿＿＿＿＿＿＿＿＿＿＿＿＿＿＿＿＿＿＿＿＿＿＿＿；

4、＿＿＿＿＿＿＿＿＿＿＿＿＿＿＿＿＿＿＿＿＿＿＿＿＿。

建设单位行使以上部位和设施设备的所有权，不得影响物业买受人正常使用物业。

第三章　物业的使用

第八条　业主对物业的专有部分享有占有、使用、收益和处分的权利，但不得妨碍其他业主正常使用物业。

第九条　业主应遵守法律、法规的规定，按照有利于物业使用、安全、整洁以及公平合理、不损害公共利益和他人利益的原则，在供电、供水、供热、供气、排水、通行、通风、采光、装饰装修、环境卫生、环境保护等方面妥善处理与相邻业主的关系。

第十条　业主应按设计用途使用物业。因特殊情况需要改变物业设计用途的，业主应在征得相邻业主书面同意后，报有关行政主管部门批准，并告知物业管理企业。

第十一条　业主需要装饰装修房屋的，应事先告知物业管理企业，并与其签订装饰装修管理服务协议。

业主应按装饰装修管理服务协议的约定从事装饰装修行为，遵守装饰装修的注意事项，不得从事装饰装修的禁止行为。

第十二条　业主应在指定地点放置装饰装修材料及装修垃圾，不得擅自占用物业共用部位和公共场所。

本物业管理区域的装饰装修施工时间为__________，其他时间不得施工。

第十三条　因装饰装修房屋影响物业共用部位、共用设施设备的正常使用以及侵害相邻业主合法权益的，业主应及时恢复原状并承担相应的赔偿责任。

第十四条　业主应按有关规定合理使用水、电、气、暖等共用设施设备，不得擅自拆改。

第十五条　业主应按设计预留的位置安装空调，未预留设计位置的，应按物业管理企业指定的位置安装，并按要求做好噪音及冷凝水的处理。

第十六条　业主及物业使用人使用电梯，应遵守本物业管理区域的电梯使用管理规定。

第十七条　在物业管理区域内行驶和停放车辆，应遵守本物业管理区域的车辆行驶和停车规则。

第十八条　本物业管理区域内禁止下列行为：

1、损坏房屋承重结构、主体结构，破坏房屋外貌，擅自改变房屋设计用途；

2、占用或损坏物业共用部位、共用设施设备及相关场地，擅自移动物业共用设施设备；

3、违章搭建、私设摊点；

4、在非指定位置倾倒或抛弃垃圾、杂物；

5、违反有关规定堆放易燃、易爆、剧毒、放射性物品，排放有毒有害物质，发出超标噪声；

6、擅自在物业共用部位和相关场所悬挂、张贴、涂改、刻画；

7、利用物业从事危害公共利益和侵害他人合法权益的活动；

8、______________________________________；

9、法律、法规禁止的其他行为。

第十九条　业主和物业使用人在本物业管理区域内饲养动物不得违反有关规定，并应遵守以下约定：

1、______________________________________；

2、______________________________________。

第四章　物业的维修养护

第二十条　业主对物业专有部分的维修养护行为不得妨碍其

他业主的合法权益。

第二十一条 因维修养护物业确需进入相关业主的物业专有部分时，业主或物业管理企业应事先告知相关业主，相关业主应给予必要的配合。

相关业主阻挠维修养护的进行造成物业损坏及其他损失的，应负责修复并承担赔偿责任。

第二十二条 发生危及公共利益或其他业主合法权益的紧急情况，必须及时进入物业专有部分进行维修养护但无法通知相关业主的，物业管理企业可向相邻业主说明情况，在第三方（如所在地居委会或派出所或__________）的监督下，进入相关业主的物业专有部分进行维修养护，事后应及时通知相关业主并做好善后工作。

第二十三条 因维修养护物业或者公共利益，业主确需临时占用、挖掘道路、场地的，应当征得建设单位和物业管理企业的同意，并在约定期限内恢复原状。

第二十四条 物业存在安全隐患，危及公共利益或其他业主合法权益时，责任人应当及时采取措施消除隐患。

第二十五条 建设单位应按国家规定的保修期限和保修范围承担物业的保修责任。

建设单位在保修期限和保修范围内拒绝修复或拖延修复的，业主可以自行或委托他人修复，修复费用及修复期间造成的其他损失由建设单位承担。

第二十六条 本物业管理区域内的全体业主按规定缴存、使用和管理物业专项维修资金。

第五章　业主的共同利益

第二十七条 为维护业主的共同利益，全体业主同意在物业管理活动中授予物业管理企业以下权利：

1、根据本临时公约配合建设单位制定物业共用部位和共用设施设备的使用、公共秩序和环境卫生的维护等方面的规章制度；

2、以批评、规劝、公示、______等必要措施制止业主、物业使用人违反本临时公约和规章制度的行为；

3、____；

4、____。

第二十八条 建设单位应在物业管理区域内显著位置设置公告栏，用于张贴物业管理规章制度，以及应告知全体业主和物业使用人的通知、公告。

第二十九条 本物业管理区域内，物业服务收费采取包干制（酬金制）方式。业主应按照前期物业服务合同的约定按时足额交纳物业服务费用（物业服务资金）。

物业服务费用（物业服务资金）是物业服务活动正常开展的基础，涉及全体业主的共同利益，业主应积极倡导欠费业主履行交纳物业服务费用的义务。

第三十条 利用物业共用部位、共用设施设备进行经营的，应当在征得相关业主、物业管理企业的同意后，按规定办理有关手续，业主所得收益主要用于补充专项维修资金。

第六章 违约责任

第三十一条 业主违反本临时公约关于物业的使用、维护和管理的约定，妨碍物业正常使用或造成物业损害及其他损失的，其他业主和物业管理企业可依据本临时公约向人民法院提起诉讼。

第三十二条 业主违反本临时公约关于业主共同利益的约定，导致全体业主的共同利益受损的，其他业主和物业管理企业可依据本临时公约向人民法院提起诉讼。

第三十三条 建设单位未能履行本临时公约约定义务的，业主和物业管理企业可向有关行政主管部门投诉，也可根据本临时公约向人民法院提起诉讼。

第七章 附 则

第三十四条 本临时公约所称物业的专有部分，是指由单个业主独立使用并具有排他性的房屋、空间、场地及相关设施设备。

本临时公约所称物业的共用部位、共用设施设备，是指物业管理区域内单个业主专有部分以外的，属于多个或全体业主共同所有或使用的房屋、空间、场地及相关设施设备。

第三十五条 业主转让或出租物业时，应提前书面通知物业管理企业，并要求物业继受人签署本临时公约承诺书或承租人在租赁合同中承诺遵守本临时公约。

第三十六条 本临时公约由建设单位、物业管理企业和每位业主各执一份。

第三十七条 本临时公约自首位物业买受人承诺之日起生效，至业主大会制定的《业主公约》生效之日终止。

承 诺 书

本人为__________（物业名称及具体位置，以下称该物业）的买受人，为维护本物业管理区域内全体业主的共同利益，本人声明如下：

一、确认已详细阅读__________（建设单位）制定的“×××业主临时公约”（以下称“本临时公约”）；

二、同意遵守并倡导其他业主及物业使用人遵守本临时公约；

三、本人同意承担违反本临时公约的相应责任，并同意对该物业的使用人违反本临时公约的行为承担连带责任；

四、本人同意转让该物业时取得物业继受人签署的本临时公约承诺书并送交建设单位或物业管理企业，建设单位或物业管理企业收到物业继受人签署的承诺书前，本承诺继续有效。

承诺人（签章）

________年____月____日

《业主临时公约（示范文本）》使用说明

1. 本示范文本仅供建设单位制定《业主临时公约》参考使用。

2. 建设单位可对本示范文本的条款内容进行选择、修改、增补或删减。

3. 本示范文本第三条、第三十七条所称业主是指拥有房屋所有权的房屋买受人，其他条款所称业主是指拥有房屋所有权的建设单位和房屋买受人。

物业服务收费管理办法

（2003 年 11 月 13 日　发改价格〔2003〕1864 号）

第一条　为规范物业服务收费行为，保障业主和物业管理企业的合法权益，根据《中华人民共和国价格法》和《物业管理条例》，制定本办法。

第二条　本办法所称物业服务收费，是指物业管理企业按照物业服务合同的约定，对房屋及配套的设施设备和相关场地进行维修、养护、管理，维护相关区域内的环境卫生和秩序，向业主所收取的费用。

第三条　国家提倡业主通过公开、公平、公正的市场竞争机制选择物业管理企业；鼓励物业管理企业开展正当的价格竞争，禁止价格欺诈，促进物业服务收费通过市场竞争形成。

第四条　国务院价格主管部门会同国务院建设行政主管部门负责全国物业服务收费的监督管理工作。

县级以上地方人民政府价格主管部门会同同级房地产行政主管部门负责本行政区域内物业服务收费的监督管理工作。

第五条　物业服务收费应当遵循合理、公开以及费用与服务水平相适应的原则。

第六条　物业服务收费应当区分不同物业的性质和特点分别实行政府指导价和市场调节价。具体定价形式由省、自治区、直辖市人民政府价格主管部门会同房地产行政主管部门确定。

第七条　物业服务收费实行政府指导价的，有定价权限的人民政府价格主管部门应当会同房地产行政主管部门根据物业管理服务等级标准等因素，制定相应的基准价及其浮动幅度，并定期公布。具体收费标准由业主与物业管理企业根据规定的基准价和浮动幅度在物业服务合同中约定。

实行市场调节价的物业服务收费，由业主与物业管理企业在物业服务合同中约定。

第八条　物业管理企业应当按照政府价格主管部门的规定实行明码标价，在物业管理区域内的显著位置，将服务内容、服务标准以及收费项目、收费标准等有关情况进行公示。

第九条　业主与物业管理企业可以采取包干制或者酬金制等形式约定物业服务费用。

包干制是指由业主向物业管理企业支付固定物业服务费用，盈余或者亏损均由物业管理企业享有或者承担的物业服务计费方式。

酬金制是指在预收的物业服务资金中按约定比例或者约定数额提取酬金支付给物业管理企业，其余全部用于物业服务合同约定的支出，结余或者不足均由业主享有或者承担的物业服务计费方式。

第十条 建设单位与物业买受人签订的买卖合同，应当约定物业管理服务内容、服务标准、收费标准、计费方式及计费起始时间等内容，涉及物业买受人共同利益的约定应当一致。

第十一条 实行物业服务费用包干制的，物业服务费用的构成包括物业服务成本、法定税费和物业管理企业的利润。

实行物业服务费用酬金制的，预收的物业服务资金包括物业服务支出和物业管理企业的酬金。

物业服务成本或者物业服务支出构成一般包括以下部分：

1. 管理服务人员的工资、社会保险和按规定提取的福利费等；
2. 物业共用部位、共用设施设备的日常运行、维护费用；
3. 物业管理区域清洁卫生费用；
4. 物业管理区域绿化养护费用；
5. 物业管理区域秩序维护费用；
6. 办公费用；
7. 物业管理企业固定资产折旧；
8. 物业共用部位、共用设施设备及公众责任保险费用；
9. 经业主同意的其它费用。

物业共用部位、共用设施设备的大修、中修和更新、改造费用，应当通过专项维修资金予以列支，不得计入物业服务支出或者物业服务成本。

第十二条 实行物业服务费用酬金制的，预收的物业服务支出属于代管性质，为所交纳的业主所有，物业管理企业不得将其用于物业服务合同约定以外的支出。

物业管理企业应当向业主大会或者全体业主公布物业服务资金年度预决算并每年不少于一次公布物业服务资金的收支情况。

业主或者业主大会对公布的物业服务资金年度预决算和物业服务资金的收支情况提出质询时，物业管理企业应当及时答复。

第十三条 物业服务收费采取酬金制方式，物业管理企业或者业主大会可以按照物业服务合同约定聘请专业机构对物业服务资金年度预决算和物业服务资金的收支情况进行审计。

第十四条 物业管理企业在物业服务中应当遵守国家的价格法律法规，严格履行物业服务合同，为业主提供质价相符的服务。

第十五条 业主应当按照物业服务合同的约定按时足额交纳物业服务费用或者物业服务资金。业主违反物业服务合同约定逾期不交纳服务费用或者物业服务资金的，业主委员会应当督促其限期交纳；逾期仍不交纳的，物业管理企业可以依法追缴。

业主与物业使用人约定由物业使用人交纳物业服务费用或者物业服务资金的，从其约定，业主负连带交纳责任。

物业发生产权转移时，业主或者物业使用人应当结清物业服务费用或者物业服务资金。

第十六条 纳入物业管理范围的已竣工但尚未出售，或者因开发建设单位原因未按时交给物业买受人的物业，物业服务费用或者物业服务资金由开发建设单位全额交纳。

第十七条 物业管理区域内，供水、供电、供气、供热、通讯、有线电视等单位应当向最终用户收取有关费用。物业管理企业接受委托代收上述费用的，可向委托单位收取手续费，不得向业主收取手续费等额外费用。

第十八条 利用物业共用部位、共用设施设备进行经营的，应当在征得相关业主、业主大会、物业管理企业的同意后，按照规定办理有关手续。业主所得收益应当主要用于补充专项维修资金，也可以按照业主大会的决定使用。

第十九条 物业管理企业已接受委托实施物业服务并相应收取服务费用的，其他部门和单位不得重复收取性质和内容相同的费用。

第二十条 物业管理企业根据业主的委托提供物业服务合同约定以外的服务，服务收费由双方约定。

第二十一条 政府价格主管部门会同房地产行政主管部门，应当加强对物业管理企业的服务内容、标准和收费项目、标准的监督。物业管理企业违反价格法律、法规和规定，由政府价格主管部门依据《中华人民共和国价格法》和《价格违法行为行政处罚规定》予以处罚。

第二十二条 各省、自治区、直辖市人民政府价格主管部门、房地产行政主管部门可以依据本办法制定具体实施办法，并报国家发展和改革委员会、建设部备案。

第二十三条 本办法由国家发展和改革委员会会同建设部负责解释。

第二十四条 本办法自 2004 年 1 月 1 日起执行，原国家计委、建设部印发的《城市住宅小区物业管理服务收费暂行办法》（计价费〔1996〕266 号）同时废止。

前期物业管理招标投标管理暂行办法

（2003 年 6 月 26 日 建住房〔2003〕130 号）

第一章 总 则

第一条 为了规范前期物业管理招标投标活动，保护招标投标当事人的合法权益，促进物业管理市场的公平竞争，制定本办法。

第二条 前期物业管理，是指在业主、业主大会选聘物业管理企业之前，由建设单位选聘物业管理企业实施的物业管理。

建设单位通过招投标的方式选聘具有相应资质的物业管理企业和行政主管部门对物业管理招投标活动实施监督管理，适用本办法。

第三条 住宅及同一物业管理区域内非住宅的建设单位，应当通过招投标的方式选聘具有相应资质的物业管理企业；投标人少于 3 个或者住宅规模较小的，经物业所在地的区、县人民政府房地产行政主管部门批准，可以采用协议方式选聘具有相应资质的物业管理企业。

国家提倡其他物业的建设单位通过招投标的方式，选聘具有相应资质的物业管理企业。

第四条 前期物业管理招标投标应当遵循公开、公平、公正和诚实信用的原则。

第五条 国务院建设行政主管部门负责全国物业管理招标投标活动的监督管理。

省、自治区人民政府建设行政主管部门负责本行政区域内物业管理招标投标活动的监督管理。

直辖市、市、县人民政府房地产行政主管部门负责本行政区域内物业管理招标投标活动的监督管理。

第六条 任何单位和个人不得违反法律、行政法规规定，限制或者排斥具备投标资格的物业管理企业参加投标，不得以任何方式非法干涉物业管理招标投标活动。

第二章　招　　标

第七条 本办法所称招标人是指依法进行前期物业管理招标的物业建设单位。

前期物业管理招标由招标人依法组织实施。招标人不得以不合理条件限制或者排斥潜在投标人，不得对潜在投标人实行歧视待遇，不得对潜在投标人提出与招标物业管理项目实际要求不符的过高的资格等要求。

第八条 前期物业管理招标分为公开招标和邀请招标。

招标人采取公开招标方式的，应当在公共媒介上发布招标公告，并同时在中国住宅与房地产信息网和中国物业管理协会网上发布免费招标公告。

招标公告应当载明招标人的名称和地址，招标项目的基本情况以及获取招标文件的办法等事项。

招标人采取邀请招标方式的，应当向 3 个以上物业管理企业发出投标邀请书，投标邀请书应当包含前款规定的事项。

第九条 招标人可以委托招标代理机构办理招标事宜；有能力组织和实施招标活动的，也可以自行组织实施招标活动。

物业管理招标代理机构应当在招标人委托的范围内办理招标事宜，并遵守本办法对招标人的有关规定。

第十条 招标人应当根据物业管理项目的特点和需要，在招标前完成招标文件的编制。

招标文件应包括以下内容：

（一）招标人及招标项目简介，包括招标人名称、地址、联系方式、项目基本情况、物业管理用房的配备情况等；

（二）物业管理服务内容及要求，包括服务内容、服务标准等；

（三）对投标人及投标书的要求，包括投标人的资格、投标书的格式、主要内容等；

（四）评标标准和评标方法；

（五）招标活动方案，包括招标组织机构、开标时间及地点等；

（六）物业服务合同的签订说明；

（七）其他事项的说明及法律法规规定的其他内容。

第十一条 招标人应当在发布招标公告或者发出投标邀请书的10日前，提交以下材料报物业项目所在地的县级以上地方人民政府房地产行政主管部门备案：

（一）与物业管理有关的物业项目开发建设的政府批件；

（二）招标公告或者招标邀请书；

（三）招标文件；

（四）法律、法规规定的其他材料。

房地产行政主管部门发现招标有违反法律、法规规定的，应当及时责令招标人改正。

第十二条 公开招标的招标人可以根据招标文件的规定，对投标申请人进行资格预审。

实行投标资格预审的物业管理项目，招标人应当在招标公告或者投标邀请书中载明资格预审的条件和获取资格预审文件的办法。

资格预审文件一般应当包括资格预审申请书格式、申请人须知，以及需要投标申请人提供的企业资格文件、业绩、技术装备、财务状况和拟派出的项目负责人与主要管理人员的简历、业绩等证明材料。

第十三条 经资格预审后，公开招标的招标人应当向资格预审合格的投标申请人发出资格预审合格通知书，告知获取招标文件的时间、地点和方法，并同时向资格不合格的投标申请人告知资格预审结果。

在资格预审合格的投标申请人过多时，可以由招标人从中选择不少于5家资格预审合格的投标申请人。

第十四条 招标人应当确定投标人编制投标文件所需要的合理时间。公开招标的物业管理项目，自招标文件发出之日起至投标人提交投标文件截止之日止，最短不得少于20日。

第十五条 招标人对已发出的招标文件进行必要的澄清或者修改的，应当在招标文件要求提交投标文件截止时间至少15日前，以书面形式通知所有的招标文件收受人。该澄清或者修改的内容为招标文件的组成部分。

第十六条 招标人根据物业管理项目的具体情况，可以组织潜在的投标申请人踏勘物业项目现场，并提供隐蔽工程图纸等详细资料。对投标申请人提出的疑问应当予以澄清并以书面形式发送给所有的招标文件收受人。

第十七条 招标人不得向他人透露已获取招标文件的潜在投标人的名称、数量以及可能影响公平竞争的有关招标投标的其他情况。

招标人设有标底的，标底必须保密。

第十八条 在确定中标人前，招标人不得与投标人就投标价格、投标方案等实质内容进行谈判。

第十九条 通过招标投标方式选择物业管理企业的，招标人应当按照以下规定时限完成物业管理招标投标工作：

（一）新建现售商品房项目应当在现售前30日完成；

（二）预售商品房项目应当在取得《商品房预售许可证》之前完成；

（三）非出售的新建物业项目应当在交付使用前90日完成。

第三章　投　　标

第二十条　本办法所称投标人是指响应前期物业管理招标、参与投标竞争的物业管理企业。

投标人应当具有相应的物业管理企业资质和招标文件要求的其他条件。

第二十一条　投标人对招标文件有疑问需要澄清的，应当以书面形式向招标人提出。

第二十二条　投标人应当按照招标文件的内容和要求编制投标文件，投标文件应当对招标文件提出的实质性要求和条件作出响应。

投标文件应当包括以下内容：

（一）投标函；

（二）投标报价；

（三）物业管理方案；

（四）招标文件要求提供的其他材料。

第二十三条　投标人应当在招标文件要求提交投标文件的截止时间前，将投标文件密封送达投标地点。招标人收到投标文件后，应当向投标人出具标明签收人和签收时间的凭证，并妥善保存投标文件。在开标前，任何单位和个人均不得开启投标文件。在招标文件要求提交投标文件的截止时间后送达的投标文件，为无效的投标文件，招标人应当拒收。

第二十四条　投标人在招标文件要求提交投标文件的截止时间前，可以补充、修改或者撤回已提交的投标文件，并书面通知招标人。补充、修改的内容为投标文件的组成部分，并应当按照本办法第二十三条的规定送达、签收和保管。在招标文件要求提交投标文件的截止时间后送达的补充或者修改的内容无效。

第二十五条　投标人不得以他人名义投标或者以其他方式弄虚作假，骗取中标。

投标人不得相互串通投标，不得排挤其他投标人的公平竞争，不得损害招标人或者其他投标人的合法权益。

投标人不得与招标人串通投标，损害国家利益、社会公共利益或者他人的合法权益。

禁止投标人以向招标人或者评标委员会成员行贿等不正当手段谋取中标。

第四章　开标、评标和中标

第二十六条　开标应当在招标文件确定的提交投标文件截止时间的同一时间公开进行；开标地点应当为招标文件中预先确定的地点。

第二十七条　开标由招标人主持，邀请所有投标人参加。开标应当按照下列规定进行：

由投标人或者其推选的代表检查投标文件的密封情况，也可以由招标人委托的公证机构进行检查并公证。经确认无误后，由工作人员当众拆封，宣读投标人名称、投标价格和投标文件的其他主要内容。

招标人在招标文件要求提交投标文件的截止时间前收到的所有投标文件，开标时都应当当众予以拆封。

开标过程应当记录，并由招标人存档备查。

第二十八条 评标由招标人依法组建的评标委员会负责。

评标委员会由招标人代表和物业管理方面的专家组成，成员为5人以上单数，其中招标人代表以外的物业管理方面的专家不得少于成员总数的三分之二。

评标委员会的专家成员，应当由招标人从房地产行政主管部门建立的专家名册中采取随机抽取的方式确定。

与投标人有利害关系的人不得进入相关项目的评标委员会。

第二十九条 房地产行政主管部门应当建立评标的专家名册。省、自治区、直辖市人民政府房地产行政主管部门可以将专家数量少的城市的专家名册予以合并或者实行专家名册计算机联网。

房地产行政主管部门应当对进入专家名册的专家进行有关法律和业务培训，对其评标能力、廉洁公正等进行综合考评，及时取消不称职或者违法违规人员的评标专家资格。被取消评标专家资格的人员，不得再参加任何评标活动。

第三十条 评标委员会成员应当认真、公正、诚实、廉洁地履行职责。

评标委员会成员不得与任何投标人或者与招标结果有利害关系的人进行私下接触，不得收受投标人、中介人、其他利害关系人的财物或者其他好处。

评标委员会成员和与评标活动有关的工作人员不得透露对投标文件的评审和比较、中标候选人的推荐情况以及与评标有关的其他情况。

前款所称与评标活动有关的工作人员，是指评标委员会成员以外的因参与评标监督工作或者事务性工作而知悉有关评标情况的所有人员。

第三十一条 评标委员会可以用书面形式要求投标人对投标文件中含义不明确的内容作必要的澄清或者说明。投标人应当采用书面形式进行澄清或者说明，其澄清或者说明不得超出投标文件的范围或者改变投标文件的实质性内容。

第三十二条 在评标过程中召开现场答辩会的，应当事先在招标文件中说明，并注明所占的评分比重。

评标委员会应当按照招标文件的评标要求，根据标书评分、现场答辩等情况进行综合评标。

除了现场答辩部分外，评标应当在保密的情况下进行。

第三十三条 评标委员会应当按照招标文件确定的评标标准和方法，对投标文件进行评审和比较，并对评标结果签字确认。

第三十四条 评标委员会经评审，认为所有投标文件都不符合招标文件要求的，可以否决所有投标。

依法必须进行招标的物业管理项目的所有投标被否决的，招标人应当重新招标。

第三十五条 评标委员会完成评标后，应当向招标人提出书面评标报告，阐明评标委员会对各投标文件的评审和比较意见，并按照招标文件规定的评标标准和评标方法，推荐不超过3名有排序的合格的中标候选人。

招标人应当按照中标候选人的排序确定中标人。当确定中标的中标候选人放弃中标或者因不可抗力提出不能履行合同的，招标人可以依序确定其他中标候选人为中标人。

第三十六条 招标人应当在投标有效期截止时限 30 日前确定中标人。投标有效期应当在招标文件中载明。

第三十七条 招标人应当向中标人发出中标通知书，同时将中标结果通知所有未中标的投标人，并应当返还其投标书。

招标人应当自确定中标人之日起 15 日内，向物业项目所在地的县级以上地方人民政府房地产行政主管部门备案。备案资料应当包括开标评标过程、确定中标人的方式及理由、评标委员会的评标报告、中标人的投标文件等资料。委托代理招标的，还应当附招标代理委托合同。

第三十八条 招标人和中标人应当自中标通知书发出之日起 30 日内，按照招标文件和中标人的投标文件订立书面合同；招标人和中标人不得再行订立背离合同实质性内容的其他协议。

第三十九条 招标人无正当理由不与中标人签订合同，给中标人造成损失的，招标人应当给予赔偿。

第五章　附　　则

第四十条 投标人和其他利害关系人认为招标投标活动不符合本办法有关规定的，有权向招标人提出异议，或者依法向有关部门投诉。

第四十一条 招标文件或者投标文件使用两种以上语言文字的，必须有一种是中文；如对不同文本的解释发生异议的，以中文文本为准。用文字表示的数额与数字表示的金额不一致的，以文字表示的金额为准。

第四十二条 本办法第三条规定住宅规模较小的，经物业所在地的区、县人民政府房地产行政主管部门批准，可以采用协议方式选聘物业管理企业的，其规模标准由省、自治区、直辖市人民政府房地产行政主管部门确定。

第四十三条 业主和业主大会通过招投标的方式选聘具有相应资质的物业管理企业的，参照本办法执行。

第四十四条 本办法自 2003 年 9 月 1 日起施行。

图书在版编目（CIP）数据

图解物业管理规范：含民法典相关条文及物业管理条例 / 法规应用研究中心编. -- 北京：中国法制出版社，2024. 8. --（图解法律系列）. -- ISBN 978-7-5216-4663-4

Ⅰ. D922. 181-64

中国国家版本馆 CIP 数据核字第 2024KX9688 号

责任编辑：白天园（cuplbty@163.com）　　封面设计：周黎明

图解物业管理规范：含民法典相关条文及物业管理条例

TUJIE WUYE GUANLI GUIFAN: HAN MINFADIAN XIANGGUAN TIAOWEN JI WUYE GUANLI TIAOLI

编者 / 法规应用研究中心

经销 / 新华书店

印刷 / 三河市紫恒印装有限公司

开本 / 880 毫米 ×1230 毫米　32 开　　印张 / 6.25　字数 / 115 千

版次 / 2024 年 8 月第 1 版　　2024 年 8 月第 1 次印刷

中国法制出版社出版

书号 ISBN 978-7-5216-4663-4　　定价：58.00 元

北京市西城区西便门西里甲 16 号西便门办公区

邮政编码：100053　　传真：010-63141600

网址：http://www.zgfzs.com　　编辑部电话：010-63141792

市场营销部电话：010-63141612　　印务部电话：010-63141606

（如有印装质量问题，请与本社印务部联系。）